북한 정권 붕괴 가능성과 대비

차 례
Contents

급변 논의의 재가열: 김정일의 사망

북한에 관한 급변 논의

북한 조선중앙방송은 2011년 12월 19일 정오, '특별 방송'의 형식을 통해 김정일이 2011년 12월 17일 오전 8시 30분, '현지 시찰 목적의 이동 중 열차 안에서 중급성 심장경색과 심장쇼크 합병으로 사망하였다.'고 발표하였다. 1942년 2월 출생, 69세의 나이로 사망한 김정일 위원장은 1998년부터 약 13년간 북한 내 최고 권력자의 지위를 유지했다. 2008년 김정일의 건강 이상설이 제기됨에 따라 마치 점을 치듯 그의 얼마 남지 않은 수명을 예측해보려는 전문가들이 많았으나, 최근에는 그의 건강이 호전되었다는 분석이 우세한 상황이었다. 독재자의 갑작스러운 죽음은 북한 사회를 충격에 빠뜨렸을 뿐만 아니라, 한반도 전체에 긴장을 고조시켰고 국제사회에도 커다란 파장을 일으켰다.

김정일이 사망한 이후, 북한 급변사태에 대한 논의는 또 다시 새로운 국면에 접어들었다. 김정일의 사망 전, 전문가들은 북한의 급변사태를 야기할 수 있는 가장 가능성 높은 원인으로 김정일의 갑작스러운 죽음을 지적해 왔고, 2008년 김정일의 건강 이상설 이후에 나타난 급변사태 논의는 대부분 김정일 사망을 주요 원인으로 한 시나리오만을 상정하고 있었다. 북한의 후계 구도가 마무리되지 않은 상황에서 김정일이 사망한다면 이는 권력의 공백과 사회적 불안 및 혼란을 초래하여 갑작스러운 정권 붕괴를 야기할 수 있다는 것이다. 한 전문가는 김정일 사망을 기점으로 우리는 급변 시대에 살고 있는 것과 다름없다고 표현하기도 했다.

과거 급변사태 논의가 가장 활발했던 시기는 1990년대 중반 이후와 2000년대 초였다. 1990년대 중반 처음 북한의 급변사태 가능성이 활발하게 논의된 배경에는 북한의 심각한 경제난과 김일성 사망이 있었다. 당시 북한은 김일성의 사망으로 후계자 김정일의 지도자 전환이 진행 중이었고, 소련으로부터의 지원 중단과 연속적인 재해 발생으로 심각한 경제난에 허덕이고 있었다. 게다가 사실상 배급 제도까지 붕괴 상태에 이르러 대규모의 아사자가 발생하였으며, 수십 만 명의 유례없는 탈북도 이때 이루어졌다. 또한 1997년 1월 고(故) 황장엽 비서 등

북측 고위 인사가 한국으로 망명하면서 지도자 전환을 겪고 있는 북의 권력 장치 내부에도 심각한 문제가 있는 것으로 추측되었다.[1]

그러나 많은 전문가들의 추측과 달리 북한 급변사태는 결국 발생하지 않았다. 당시 소련을 중심으로 한 대다수의 사회주의 국가들이 급격히 붕괴하였기 때문에 이를 빗겨 간 북한의 경우는 꽤 예외적인 사례에 속했다. 북한이 점차 안정화되는 모습을 보이자 급변 논의는 금세 수그러들었다. 김정일은 김일성의 유훈 통치와 '고난의 행군'으로 북한 주민에 대한 통제력을 발휘하였으며, 많은 아사자와 탈북자들이 발생하였음에도 불구하고 북한의 위기 원인을 정권의 운영 능력 미숙이 아닌 외부 탓으로 돌려 꾸준히 건재한 정권을 유지하였다. 또 북한의 경제는 다시 회복세를 보이기 시작했으며, 북한 정치 내부에서는 김정일 국방위원장을 중심으로 한 이른바 선군정치(先軍政治)가 완전히 기틀을 잡은 것으로 평가되었다.

이처럼 북한 급변사태에 대한 첫 번째 논의가 주로 북한 내부의 경제난과 관련해 인민봉기, 쿠데타, 대량난민 발생 등에 의한 내부적 원인의 급변을 다루고 있었다면, 2000년대 초에 활발했던 논의 중 하나는 외부 위협에 의한 급변이었다. 2001년 9·11 테러가 발생한 후, 부시 행정부는 잠재적 테러 세력과 대량살상무기 확산을 야기하는 불량국가들(rogue states), 즉 이란, 이라크, 그리고 북한을 '악의 축(Axis of Evil)'이라 선언하고 이들과의 전쟁을 선포했다. 또 2002년 10월에 불거진 제2

차 북핵문제는 북한에 대한 부시 행정부의 선제 공격론과 정권교체 기조를 강화하는 계기가 되었고, 이로써 외부에 의한 북한 급변사태 논의가 추가되었다.

결국 이라크의 독재자 후세인은 부시 정부에 의해 제거되었으나, 북한의 김정일은 이때에도 살아남았다. 대신 미국이 주도한 방코델타아시아(BDA) 금융제재 등의 강력한 국제 금융제재들이 북한에 가해졌고, 이로 인한 경제적 고립은 북한에 치명적인 타격을 입혔다. 그러나 북한 정권을 붕괴시킬 정도는 아니었다. 사실 이러한 제재를 이용해 붕괴를 기대했던 것도 아니었다. 부시 행정부 임기 말기에 접어들면서 북한의 정권교체 기조는 점점 유명무실해졌다. 북한의 갑작스러운 붕괴를 원하지 않는 한국과 일본, 그리고 동맹국으로서 북한의 존속을 원하는 중국의 이해관계를 고려하는 한, 북한 정권을 붕괴시킬만한 충격을 가한다는 것은 미국뿐 아니라 그 누구도 선택할 수 있는 옵션이 아니었다.

2000년대 초반 논의된 또 다른 북한의 변화는 북한의 개혁·개방을 통한 소위 '연착륙' 혹은 '경착륙' 가능성이었다. 당시 중국은 후진타오 정권이 들어서면서 본격적인 급진적 개혁·개방의 성과들이 보이기 시작해 북한도 이와 같은 연착륙이 가능할 수 있다는 견해들이 제시되었다. 마침 북한 김정일 정권도 고난의 행군을 이겨냈다는 자신감을 바탕으로, 2002년 '7·1경제관리 개선조치'라는 이름하에 시장경제 기능을 일부 도입하는 조치를 단행하였다. 이에 따라 이제 북한도 불가피한 개혁·개방의 흐름으로 가는 것이 아니냐는 추측까지 제기되었고, 북한이 이러한 변화를 흡수할 역량이 되는지의 여부에 따라 붕괴와 같은 경착륙, 혹은 안정적 체제 전환인 연착륙으로 귀결될 수도 있지 않을까 하는 보다 다변적인 접근이 이루어졌다. 그러나 북한 정권은 7·1조치 이후 야기된 각종 부작용에 민첩하게 대처하지 못했고, 이에 개혁·개방으로부터 다시 멀어지는 길을 택했다.

급변 논의의 재가열

앞서 언급한 바와 같이, 2008년 다시 불거진 급변 논의는 김정일의 건강 이상으로 인한 조기 사망 시나리오를 상정한 것이었다. 당시만 해도 김정일은 후계 체제를 구축하지 않은 상태였기 때문에 김정일의 갑작스러운 부재는 정권 상층부의 대혼란을 야기하여 심각한 분열을 초래할 것이 너무도 자명해보였다. 그 혼란은 북한 사회 전체를 무정부 상태에 빠뜨릴 가능성이 높아 보였고, 결국 북한 독재정권은 일순간 모래성처럼 무너질 것이라는 전망이 제기되었다. 전문가들은 제한된 정보를 통해 김정일의 건강 상태를 분석하고, 김정일에게 남은 시간이 얼마나 되는지 추측해보기 바빴으며, 대부분 김정일 조기 사망 이후 나타날 새로운 권력 구조와 혼란의 정도 및 그 수습의 성패를 중심으로 한 급변시나리오를 구상했다.

이처럼 북한이라는 국가와 김일성 일가의 세습 정권은 여러 차례 붕괴할 것만 같은 상황을 거쳤지만 결국 오늘날까지 존재하게 되었다. 그리고 또다시 2012년을 문턱에 둔 시점, 김정일이 갑작스럽게 사망함에 따라 급변 논의가 재가열된 것이다. 김정일이 사망하기 전, 대다수의 전문가들은 김정일의 갑작스러운 사망이야말로 끈질기게 버텨온 북한의 급변을 야기할 것이라고 예상하였다. 그러나 예상과 달리 막상 그와 같은 사건이 발생했음에도 불구하고 북한이 적어도 외형적으로는 신속히 안정화되는 모습을 보이자, 북한 체제가 이대로 붕괴하지는 않을 것이라는 전망과 이를 뒷받침하는 근거들도 지지를 얻고 있다.

물론 이러한 전망에는 북한의 급변 가능성을 공개적으로 언급했을 때 북한이 매우 예민하게 반응한 바 있다는 점, 또 비관적인 예상으로 인해 괜히 북한과의 관계 개선에 악영향을 미칠 수도 있다는 점들이 작용하기도 했다. 그러나 합리적인 분석에 근거한 주장도 있다. 예를 들어 서울대 국제대학원의 이근 교수는 한 칼럼에서 북한에는 전국적인 당 조직과 국가기구가 잘 정비되어 있고, 북한 내에 외국의 전폭적인 지원을 받는 대안세력이 없으며, 북한 내 내전 가능성이 매우 적다는 이유를 들어 김정일 사망 시에도 북한의 붕괴는 쉽게 발생하지 않을 것이라 전망했다.[2] 또 지금도 북한의 내구력을 믿는 사람들이 상당수 존재하며, 이들은 지난 20년 동안 북한 붕괴론이 이론 혹은 학설로만 존재했을 뿐, 북한이 여전히 존속하고 있다는 사실을 지적한다.[3]

하지만 바로 그 내구력에 대한 잘못된 믿음으로 인해 갑작스럽게 벌어진 소련의 붕괴와 '아랍의 봄'을 그 누구도 예측하지 못했다. 김정일의 사망은 분명 북한이라는 독재국가의 향방에 직접적인 영향을 미칠 변수인 것만은 확실하다. 단지 그것이 어떠한 방식으로, 언제 결과를 나타낼 지 정확히 알 수 없을 뿐이다. 사회주의 일인독재체제에서 독재자의 유고는 체제 및 국가의 유고와 다를 바 없다는 이론적 설명을 빌리지 않더라도, 정치적으로나 경제적으로나 전혀 개혁을 고려하지 않고 있는 북한이 점점 더 위태로운 방향으로 치닫고 있으며, 김정일의 사망으로 인해 그 위기의 차원이 한층 높아졌다는 사실은 누구도 부인할 수 없을 것이다.

이 책은 김정일의 사망과 함께 다시 수면 위로 떠오른 북한의 급변사태를 다룰 것이다. 먼저 학자들 사이에서 합의를 이루지 못하고 있는 '급변사태'를 저자 나름대로 정의해보고, 이를 다시 세 가지 유형으로 구분할 것이다. 다음으로는 북한의 급변사태 가능성을 다룰 것인데, 이를 위해 첫 번째 지도자 전환 시기였던 1990년대 중반과 현재의 북한을 비교해 볼 것이다. 이어 급변사태로 인해 나타날 수 있는 핵심 이슈들, 즉 북한 주민의 생명과 안전 보장, 북한의 대량살상무기 (WMD: Weapons of Mass Destruction) 확보 및 확산 방지, 대량 탈북 대처, 국제법과 국제정치적 문제에 대해 논의한 뒤 다시 북한의 급변사태를 둘러싼 주변국인 미국, 중국, 일본, 그리고 러시아의 입장을 차례로 분석하고 정리할 것이다. 이어 마지막 장에서는 북한의 급변사태와 한반도의 통일 관계에 대해 논함으로써 대한민국이 왜 북한의 급변 상황에 대해 철저히 대비해야 하는지를 역설하려 한다.

급변의 정의와 유형

북한의 급변사태는 지금까지 많은 학자들에 의해 논의된 주제임에도 불구하고 그 정의에 대한 명확한 합의가 부재한 상태이다. 특히 개념의 혼재로 인해 혼란을 야기하는 경우가 많다. 먼저 북한의 '급변사태'는 종종 북한의 '붕괴'와 유사한 개념으로 사용되고 있는데, 국가차원, 체제차원, 그리고 정권 차원으로 나누어 검토한다면 두 개념의 구별은 좀 더 명확해진다. 북한의 급변사태는 '정권'의 붕괴와 유사한 개념으로 사용될 수 있으며 사회주의 '체제'의 붕괴, 그리고 북한이라는 '국가'의 붕괴에 이르는 일종의 과정이라 볼 수 있다. 바꿔 말하면 북한에서 급변사태가 발생할 경우, 이는 곧 정권의 붕괴를 의미하는 것이겠으나 이것이 반드시 사회주의 체제의 붕괴나 더 나아가 국가의 붕괴로 이어지는 것은 아니라는 얘기다. 또한 여기서 '붕괴'라는 개념은 단순한 '종결'의 의미가 아니라, 누구의 의지라 할 것 없이 내외부의 충격이 쌓이고 쌓여 갑작스럽게 무너지는 상태를 의미하는 것이다.

또한 북한의 '불안정'과 '위기' 또한 급변과는 구별되어야 하는 개념이다. 예컨대 1990년대 후반 북한은 심각한 불안정 혹은 위기를 겪었으나 급변은 일어나지 않았다. 불안정과 위기는 북한 내 정치적, 경제적, 사회적 지표들을 통하여 산술적으로 측정 가능하며 어느 정도인지 표현할 수 있다. 그러나 급변은 정도를 측정할 수 없는, 일종의 이벤트인 셈이다. 물론 급변의 '가능성' 정도는 측정 가능하다 할 수도 있겠다. 그러나 북한 내에 불안정과 위기가 고조되어 급변이 나타날 가능성이 높아졌다고 해서 반드시 급변이 발생하는 것은 아니다. 역설적이게도 개념은 그 외연을 넓힐수록 내포하는 의미가 희미해지는 법이다. 따라서 급변을 불안정이나 위기와는 구별하여 보다 구체적으로 정의하는 일이 중요하다.

급변사태의 정의

그렇다면 급변사태는 어떻게 정의해야 하는가? 이춘근·박상봉 박사는 급변사태를 '문자 그대로 북한에서 급격한 변동이 이루어지는 상황'이라 정의하였고,[4] 김성한 교수는 '대내적으로 통치행정력의 전반적인 마비상태와 군 지도부의 결집성 약화가 겹쳐진 무정부 상태'로 정의하고 있다.[5] 한편 한미 군사당국이 상정하고 있는 북한의 급변사태는 실질적으로 북한의 국가 시스템 붕괴 또는 이에 준하는 상태이며, 대한민국 국방부는 '계속되는 경제난, 식량난으로 인해 북한사회 전반에 걸쳐 자구능력이 약화되고, 내외부로부터 체제 생존을 위협하는 복합적 구조에 직면하게 되었을 때, 북한 내부적으로 혼란이 발생하거나 이러한 상황을 극복하기 위해 위험한 도발을 시도하는 상태'를 '북한의 불안정' 또는 '급변사태'로 보고 있다.[6] 또 제성호 교수는 북한의 급변사태를 '좁은 의미의 한반도 유사'로 보았고, 한반도 유사를 '한반도의 평화와 안정에 중대한 영향을 주는 위급한 상황이 발생하여 외부로부터 긴급지원이 요구되는 비상사태'를 말하는 것으로 정의했다. 즉, 한반도 유사로 간주할 수 있는 사태 중 북한 내 사태로 인해 발생하는 것을 북한 급변사태로 본다는 것이다.[7]

이러한 기존의 정의들을 검토한 필자는 북한의 급변사태를 '①북한 내에 급격하고 심각한 혼란이 발생하여 ②북한이 이를 자구적 노력으로 해결하지 못하는 상황'이라고 정의하고자 한다. 이춘근·박상봉 박사의 정의는 분석적이지 못하고, 김성한 교수의 정의는 북한 상부구조의 운영능력이 상실된 상태만을 급변사태로 한정하고 있다. 한미 군사당국이 상정한 급변사태는 결과적으로 필자의 정의와 가장 유사하나 구체성이 부족한 측면이 있으며, 국방부의 정의 중에는 불필요하게 포함된 분석적 개념들이 있다.[8] 한편 국방부의 정의에만 나타나는 '북한이 도발을 시도하는 상황'은 급변사태의 즉각적인 결과로써 한국이 급변사태 발생 시 대비해야 하는 시나리오 중 하나일 수 있으나, '급변사태' 자체 정의에 포함시키기는 어렵다고 판단된다.

필자의 정의 중 ①의 '북한 내에 급격하고 심각한 혼란이 발생한다'는 것의 의미는 북한 상층부와 하층부 양쪽 중 한 쪽, 혹은 양쪽 모두가 북한 정권에 전면 도전하는 결정적 행동을 드러내는 상황을 의미한다. 단 혼란이 급격하다는 것과 심각하다는 것은 정의 ②의 '북한이 이를 자구적 노력으로 해결하지 못하는 상황' 부분과 연결되어 북한 정권이 미처 대비하지 못한 채로 상황이 심화되는 것을 의미한다. 다시 말해 북한 정권의 혼란을 포함해 북한 정권 밖의 행위자들, 예컨대 일종의 쿠데타 그룹, 혹은 혁명 세력의 노력에도 불구하고 도저히 수습할 수 없는 지경에 이른 상황을 시사하는 것이다. 결국 정의의 ② 부분은 급변사태의 충분조건과 같다. 북한 내에 급격하고 심각한 혼란이 발생하더라도 북한 내에서 자체적으로 해결이 가능하다면 이는 급변사태로 간주하지 않는다.

또한 본 정의에서 외부에 의한 북한 정권 붕괴는 배제한다. 외부적 요인에 의해 북한 정권이 붕괴한다는 시나리오는 오로지 외부의 힘만으로 북한 지도자를 포함, 북한 정권을 제거한다는 의미인데, 사실 이는 거의 현실성이 없다. 또 이라크의 경우와 같이 제3국이 독재자를 암살하는 경우에는 군사적 개입을 통해 사회를 수습하고 임시정부를 수립할 것이기 때문에 급변사태에 준하는 형태로 혼란이 악화되지 않을 가능성이 높다.

이밖에 모든 외부적 요인은 내부적 요인에 영향을 미치는 간접적인 형태로만 작용할 뿐이다. 예컨대 국제적 대북 금융제재가 북한에 심한 압박이 될 경우 북한 내 위기가 증대되고 급변사태 발발의 가능성을 증가시킬 수는 있으나, 그 자체가 급변사태의 직접적인 요인이라고 보기는 어렵다. 따라서 급변사태에 대한 정의에는 외부 요소에 대한 개념이 굳이 필요하지 않을 것으로 판단된다.

북한의 급변사태 자체가 북한 사회주의 체제의 붕괴나 국가 전체의 붕괴를 의미할 수는 없지만, 급변사태를 경유한 결과로 북한 체제는 변화할 수 있으며 북한이라는 국가도 소멸될 수 있다. 예컨대 급변사태가 정권이 아닌 사회주의 체제 자체에 대한 도전일 경우 급변사태는 사회주의 체제의 붕괴를 야기할 수 있고, 급변사태의 귀결이 한국에 의한 한반도의 통일이 될 경우, 북한이라는 국가는 사라지게 되는 것이다. 반대로 급변사태가 발생한다 하더라도 북한 체제는 여전히 사회주의를 유지하게 될 수도 있으며, 북한이라는 국가가 소멸되지 않을 수도 있다. 이는 북한 스스로 해결할 수 없는 상황이기에 불가피하게 개입하게 되는 제3국들의 결심에 의하여 크게 영향을 받게 될 것으로 보인다.

따라서 향후 북한의 장래를 정리해보면 ①김정은 정권 붕괴와 사회주의 체제 유지, ②김정은 정권 붕괴와 사회주의 체제 붕괴 및 자본주의·민주주의 체제 도입, ③김정은 정권과 사회주의 체제 및 국가 붕괴, ④당분간 김정은 정권의 생존 등 4가

지 형태 중 하나가 될 것이며,[9] 이 중 ①번은 급변사태, ②번과
③번은 급변사태가 발전한 형태로 불 수 있다. ④번은 이 책에
서 다루지 않는 내용이다.

급변사태의 유형

북한의 급변사태 유형은 직접적인 촉발요인을 중심으로 구
분할 수 있다. ①민중 봉기 과열에 따른 아래로부터의 급변, ②
권력 엘리트 분열에 따른 위로부터의 급변, 이 두 가지 형태가
거의 동시에 발생함으로 인한 ③위·아래로부터의 급변으로 유
형화할 수 있다. 김성한 교수와 폴 스테어스·조엘 위트 등 주요
급변 연구자들은 ①번 급변의 가능성을 거의 배제하나, 필자는

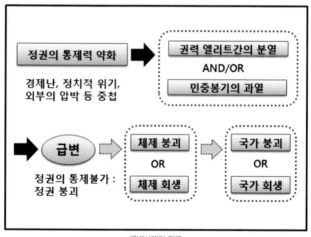

급변사태의 경로.

①번의 가능성을 낮게 보되 이를 아예 배제하지는 않는다. 또한 필자의 급변사태 유형 구분은 제성호 교수의 구분과 가장 유사하며, 이는 ①민중봉기형, ②군부쿠데타형, ③민중봉기·군부쿠데타 혼합형으로 나뉘어 있다. 하지만 위로부터의 급변을 반드시 군부쿠데타 형태로 제한할 필요는 없다고 판단해 이를 '권력 엘리트간의 분열'로 확대한 차이점이 있다.[10]

물론 제성호 교수와 마찬가지로 필자 역시 세 번째인 '위·아래로부터의 급변' 가능성이 가장 높다고 평가한다. 제성호 교수는 세 번째 유형인 '혼합형'에 대해 중장기적으로 북한의 경제난이 해소되지 않은 상황에서 북한 정권에 대한 체제 불만세력들이 불특정 다수의 주민들과 합세하여 봉기나 관가 습격 등 반체제 활동을 전개할 때 급변사태가 촉발될 것이라 설명했다. 첫 번째 '민중봉기형'의 경우, 사실 오늘날 완전한 의미의 아래로부터의 혁명, 다시 말해 '풀뿌리 혁명'이란 거의 존재하지 않으며 민중봉기가 발생한다 하더라도 과열되기 이전에 진압될 가능성이 높다. 이를 주도하거나 혹은 묵인할 권력 엘리트 그룹이 존재해야만 혁명이 가능하다는 것이다. 두 번째 유형과 관련, 위로부터의 충돌만이 발생할 경우에는 현재의 지도 세력에 대하여 '민중봉기형'과 비교할 수 없는 정도의 충격을 가할 수 있겠으나, 민중들에 의해 걷잡을 수 없이 번지는 봉기와 연계되지 않는 한, 역시 급변사태로 심화되지 않고 수습될 가능성이 높다고 판단된다.

한편 한미연합사가 상정하고 있는 북한의 급변사태 유형은 여섯 가지로서, ①핵과 미사일, 생화학무기 등 대량살상무기(WMD)의 유출, ②북한의 정권교체, ③쿠데타 등에 의한 내전 상황, ④북한 내 한국인 인질사태, ⑤대규모 주민 탈북사태, ⑥대규모 자연재해이다. 그런데 이러한 여섯 가지 유형이 북한 급변사태의 본질은 아니다.[11] 이들 유형에는 북한에서 급변사태가 일어날 경우 발생할 수 있는 현상과 북한에서 급변사태가 발생할 수 있도록 추동하는 요인들이 뒤섞여있다. 또 '북한 내 한국인 인질사태'와 '대규모 자연재해'의 경우는 최근 몇 년간 이미 발생한 사건들이기도 한데, 이를 급변사태로 간주했던 이는 아무도 없었다. 상기의 여섯 가지 유형은 군사작전 계획이 필요할 것으로 판단되는 상황을 식별한 것으로 작전적 용도를 띠고 있음을 감안해야 할 것이다.

그러나 급변은 본질적으로 이론적인 개념은 아니다. 북한의 급변은 다른 국가로 일반화할 수 없는 특수한 개념이며 한국을 비롯한 외부의 개입이 필요한 상황을 도출하기 위해 정책적 기능을 더해야 유의미한 것이 사실이다. 따라서 급변의 개념은 외부의 개입요건이 충족될 상황이 무엇인가에 초점을 맞추어야 할 것이며, 이에 충실하기 위하여 북한 정권의 기능이 완전히 마비되고 북한 영토와 국민에 대한 주권이 위협에 처하게 되어 이로써 외부 개입이 불가피한 상태를 '급변'으로 정의하고자 했던 것이다. 북한 내에서 벌어지는 사태가 자연재해이든 탈북사태이든 핵무기의 유출이든 그것은 그리 중요하지 않다. 이를 북한 정권이 통제할 수 있는가 없는가, 더 정확히 말해 그 정도

수준의 사태를 북한 정권이 통제하고 조정할 수 있느냐 없느냐가 급변의 정의를 판가름 짓는 핵심인 것이다.

급변 발생 가능성

급변 가능성을 현재의 관점에서만 측정하는 것은 큰 의미가 없다. 사실 '어느 정도의 위기 수준이 되어야 급변이 가능하다' 라는 것은 존재하지 않는다. 즉, 측정기준이라는 것이 없다. 이와 관련해 2010년 초 중동과 아프리카에서 발생한 일련의 현상들은 우리에게 시사하는 바가 크다. 첫째, 변화하지 않을 것이라는 예상을 뒷받침하는 모든 이유에도 불구하고 변화는 진행될 수 있으며, 이는 매우 갑작스럽게 이루어진다. 둘째, 단지 독재 정권의 붕괴를 야기할 수 있는 변수들이 존재한다는 사실만으로는 그 붕괴가 일어날 지, 또 언제 일어날 지에 대해 전혀 예측할 수 없다.[12]

그러나 현재 북한의 급변 가능성을 과거 1990년대 중반과의 가능성과 비교·분석한다면 상대적으로 객관적이고 체계적인 분석이 될 수 있다. 당시 북한이 갖춘 모든 조건들은 급변사태가 발생하여 정권이 붕괴되기에 충분히 무르익은 것처럼 보였으나 결국 급변은 발생하지 않았다. 만일 분석 결과 현재의 북한 상황이 그때보다 더욱 악화된 조건이라면 적어도 북한 급변사태 발생의 근본적인 요건이 1990년대보다는 더 충족되어 있다는 결론을 얻을 수 있다. 알렉산드르 딘킨 러시아 세계경제국제관계연구소(IMEMO) 소장도 이와 같은 비교를 통해 비슷한 결론을 도출했다. 그는 북한 정권이 앞으로 20년을 넘기지 못할 것이라고 전망하면서 현재 북한을 둘러싼 외부 환경은 1994년과 판이하게 다르다고 진단했다.

물론 딘킨 소장의 결론은 한발 앞서 나간 것이다. 현재 북한의 정치, 경제, 사회, 대외관계가 1990년대와 비교하여 훨씬 악화된 상황이라고 해서 급변이 반드시 발생할 것이라 단정 지어 말할 수는 없다. 급변사태는 북한 내 조건들의 성숙, 즉 근본적인 요인과 우발적인 사건, 즉 즉각적인 요인의 결합이 있어야 가능하기 때문이다. 예컨대 제1차 세계대전은 오스트리아 황태자 암살사건인 사라예보 사건으로 인해, 또 2010년 튀니지 혁명은 한 청과물 노점상의 분신자살로 인해 발생했다. 사실 지금보다 더 상황이 악화된다 해도 급변사태가 발생하지 않을 수 있으며, 반대로 지금보다 나은 상황에서도 급변사태는 발생할 수 있다.

그렇지만 근본적인 요인들이 어느 정도 갖추어져 있는 상태에서 발생하는 우발적 사건들이 얼마든지 더 큰 사건의 단초가 되어 급변사태가 발생할 수 있기에 이를 토대로 가능성을 평가해보는 것은 분명 필요한 일이다. 본 고에서는 북한의 급변가능성 여부에 대하여 예단을 내리지 않은 상태에서 앞서 밝힌 북한 급변사태의 유형별로 1990년대 지도자 전환 시기의 북한과 2012년 초 현재의 북한을 간략하게 비교, 평가한 뒤 현재 시점에서 가능한 시나리오들을 열거할 것이다. 한편 급변이 발생하지 않고 김정은이 성공적으로 북한을 안정화시키는 시나리오에 대해서는 굳이 언급하지 않을 것이다. 만약 이 장에서 언급되는 상황들을 모두 극복하거나 피할 수 있다면, 김정은은 성공적으로 북한을 안정화시킬 수 있다고 가정한다.

위로부터의 급변사태 가능성

1990년대 중반과 2012년 초 외형상 가장 눈에 띄는 공통점은 북한이 지도자 전환을 겪은 시기라는 것이다. 독재체제에서 권력 승계의 시기는 가장 위험한 순간이다. 절대 권력자가 자신 이외의 권력 중추가 성장하는 것을 허용할 수밖에 없게 되면서 엘리트 내부의 분란 위험이 증가하기 때문이다. 더욱이 세습을 시도하는 경우 대내외적으로 이에 대한 조롱과 불만이 증폭하여 정권 자체를 위험에 빠뜨릴 수 있다.[13] 실제로 근대 국가 중 왕조 국가와 같이 세습에 성공한 국가는 현재까지 북한과 쿠바뿐이며 3대 세습은 전무후무한 일이다.

북한의 승계를 바라보는 이들의 불안감은 위와 같은 일반적인 차원에서 연유한 것만이 아니다. 3대 후계자인 김정은의 리더십에 대한 의구심은 북한 전문가라면 누구나 한번쯤은 지적한 사항이다. 김정은은 2008년 김정일 건강 이상설이 나온 시점에는 후계자로 거론조차 되지 않았을 뿐 아니라, 외부 세계에 정확한 실명과 얼굴조차 잘 알려지지 않았던 인물이었다. 후계 체제와 관련해서 김정은을 언급한 연구는 스테어스와 위트 박사의 보고서가 거의 유일한데, 그들은 김정철과 김정은이 후계자가 되기엔 "너무 어리고 경험이 적다."라고 평가했다.[14]

2008년 와병 이후 김정일은 후계체제 구축에 속도를 내기 시작했고, 돌연 삼남 김정은을 후계자로 지목했다. 대외 전문가들은 김정일이 세 아들 중 김정은을 택한 이유를 파악하는 데 있어 그의 외모, 인품과 관련한 아주 제한된 정보에만 의존

북한 세습정권의 3대 후계자 김정은. (출처: AP통신)

할 수밖에 없었다. 2009년 1월 김정은이 후계자로 내정되고 본격적인 우상화 작업이 시작된 이후, 북한이 김정은으로의 후계체제를 공식화하고 그에게 인민군대장과 당중앙군사위원회 부위원장이라는 군사·정치적 직함을 부여한 시점은 2010년 9월 28일인 제3차 조선노동당 대표자회 때였고, 당시 언론을 통해 알려진 김정은의 나이는 스물여섯이었다. 김정일 와병 시기부터 지금까지 압축적으로 후계자 교육을 받았다 하더라도 그가 현재 갖고 있는 권위와 리더십은 다소 부족할 것이라 쉽게 예상할 수 있다. 더욱이 김정은이 유일한 독재 권력으로서의 충분한 자질을 갖출 때까지 그를 뒷받침해야 했던 절대 권력자 김정일은 이미 사망하고 없다.

물론 그간 김정은으로의 후계 구축 과정은 짧은 기간에 비해 꽤 효과적이었던 것으로 보인다. 우선 김정일이 생전 2009년 헌법을 개정하면서 당의 통치 기능 및 위상을 복원하고 2010년에 30년 만의 조선로동당 규약 개정을 시행한 것도 후계체제를 위한 포석 마련으로 평가된다. 또 후계체제를 위해 북한 주요 엘리트들의 세대교체가 몇 해 전부터 가속화되고 있는 것으로 알려졌다. 북한 고위급 2세들이 군과 내각에서 고속 승진하거나 주요 보직에 임명되었고, 북한 내 시군 국가안전보위부와 인민보안서에 젊은 간부들이 대거 배치되었다는 보도도 있었다. 이처럼 제도적으로뿐 아니라 실질적으로 김정은이 어느 정도 리더십을 갖추었다는 견해도 있다. 특히 핵심 권력 엘리트들이 김정은에게 90도로 머리 숙여 인사하는 장면들을 두고 김정은의 정치적 위상이 그만큼 강화된 것이라는 분석이 제시되기도 했다.

그러나 김정은의 경우와는 달리 김정일의 권력승계 기간은 매우 길었다. 김정일은 1974년 당정치위원 및 조직지도부장으로 지명되면서 공식적으로 후계자가 되었으며, 1980년부터는 정치국 상무위원 및 중앙군사위원으로 취임하여 실질적으로 후계자로서의 권한을 행사했다.[15] 후계자 준비기간까지 합치면 30년 동안 북한을 통치한 셈이다. 또 김정은의 현재 직책과 비교해 볼 때, 김일성 사망 당시 김정일의 직책은 국방위원장, 최고사령관, 노동당 정치국 상무위원, 노동당 조직지도부장 등을 겸해 훨씬 화려했다. 김정일의 독재는 김일성으로부터의 세습 권력이 아니라, 김정일이 스스로 장악해낸 권력이라 할 정도로 김정일로의 지도자 전환은 충분히 준비된 것이었다. 당시 심각한 경제난의 이유를 들어 급변을 예견하는 전문가들이 김정일 체제로의 전환으로 인한 급변을 예견하는 전문가들보다 훨씬 많았다. 즉, 전반적으로 김정일이 당시의 난국을 어떻게 헤쳐 나갈 것인가가 관건이었지 김정일로의 권력 세습 자체가 크게 문제되지는 않았다.

하지만 김정일 역시 김일성에 비해 카리스마적 리더십이 부족하다는 평가를 받긴 했다. 김일성은 북한 인민들에게 북한이라는 국가를 세운 항일 투사요, 혁명 영웅이자 아버지와 같은 존재로 여겨졌으며, 종교화된 주체사상의 창시자로서 엘리트 집단뿐 아니라 인민들의 진심어린 사랑과 존경을 받았다. 더욱이 1960~1970년대까지는 경제적으로 북한이 한국에 비해 우월했기 때문에 충성심이 약화될 가능성도 적었다. 반면 김정일의 출생과 관련된 사실은 거짓 선전으로 미화되었고, 김정일이 군을 필두로 하는 선군정치를 내세웠지만 실제로 군대를 이끌어 이뤄낸 업적이 없다는 점도 엘리트들의 존경을 받기에 치명적인 약점으로 제시되었다. 따라서 김정일은 집권 초기 권력 엘리트들의 충성심을 사기 위하여 최측근들에게 고급 승용차 등의 각종 사치품을 제공한 것으로 유명했다. 북한 인민들은 그를 경외와 사랑의 대상이 아닌, 주로 두려움과 공포의 대상으로 여겼다.

두 번째 김정은과 김정일의 큰 차이점은 김정은에게 아직 통치기조가 없는 반면, 김정일은 '선군정치'라는 뚜렷한 통치기조를 갖고 있었다는 점이다. 선군정치란, 군부 및 군사력 강화에 의거하여 모든 분야의 국가적 혁명과업을 이룩해나간다는 일종의 통치기조 혹은 방식이다. 이는 이데올로기가 아니었음에도 불구하고, 북한 내에서 주체사상을 대체할만한 통치이념으로 받아들여졌다는 평가도 있다. 이미 1993년 7차 개헌을 통하여 1980년대 이후 진행된 권력투쟁 과정에서 김정일의 군부 장악이 마무리 단계에 이르렀음이 증명되었고, 1995년에 선군정치가 본격적으로 시작되었으며, 1998년 8차 개헌을 통해 선군정치를 합리화하는 법적 조치를 마련하였다. 김일성 사망 전 이미 국방위원회 위원장직과 조선인민군 최고사령관직을 겸하고 있던 김정일은 군을 앞세운 일종의 국가적 위기관리체제로써 선군정치를 내세웠으며 '선군정치는 군대이자 당이고 국가이며 인민이다.'라는 식의 등식을 통해 '선군의 혁명철학'을 규정했다.

김정은에게는 이러한 김정은만의 카드가 아직 존재하지 않을뿐더러 지금은 시도를 하기도 어려운 상황이다. 김정일 정권과 달리 김정은 정권은 아직 급격한 정책 전환이 야기할 혼란을 감당할 수 있을 만큼 정치 세력과 정치적 리더십을 확보하지 못하고 있기 때문에 정치적 안정과 리더로서의 정당성을 유지하기 위해서는 김정일의 선군정치를 폐기시키기보다 당분간 그 연속선상에서 머무를 수밖에 없는 것이다. 그러나 이러한 통치기조가 없다는 것은 장기적으로는 새로운 통치기조를 만들어야 한다는 것을 의미하고, 또 이는 향후 통치기조에 따라 꾸려질 권력 연합에서도 선군정치와의 단절이 이루어질 것이

2011년 12월 22일 노동신문 사설 내용. (출처: MBC 방송)

라는 것을 시사한다. 앞서 언급한 바와 같이 최근 1~2년 사이 북한이 새로운 권력 연합 구축에 박차를 가하고 있기는 하나, 이로 인한 교통정리가 완전히 마무리된 것은 아니다.

특히 독재정권에서 독재자의 군부 통제력은 정권의 안정을 유지시키는 핵심적인 요인이 되기 때문에 김정일 역시 군부를 중심으로 한 선군정치를 발전시켰는데, 김정은의 이러한 능력에 대해서는 의문이 제기되고 있다. 김정은의 이례적으로 잦은 군부대 시찰이 오히려 김정은이 군을 완전히 장악하지 못했음을 반증하는 것이 아니냐는 것이다. 김정은은 김정일 사망 애도기간 직후인 1월, 4일에 한번 꼴로 고위 참모들과 함께 군부대를 시찰하였으며, 2월에도 이러한 행보를 이어가고 있다. 또한 생전 김정일이 했던 것처럼 조선인민군 해군 제597연합부대 지휘부와 산하 부대를 방문해 쌍안경과 소총을 선물하였는데, 이는 대(代)를 이어 혁명을 계승해야 한다는 점을 강조하는 것으로 군부의 충성과 결속을 도모하기 위한 것으로 풀이되고 있다. 리비아의 독재자 카다피의 사망 이후 김정일의 군부대 시찰이 증가했음으로 미루어볼 때, 김정은의 잦은 군부대 방문은 군부에 대한 불안감을 드러낸 것으로 분석되고 있다.

종합해 볼 때, 김정은은 김정일에 비해 후계자로 입지를 굳혀온 시간이 턱없이 부족하였고, 때문에 미처 통치기조와 그에 맞는 권력구도 재편을 안착시키지 못한 채 아버지의 죽음을 맞이해야 했다. 비록 김일성보다는 카리스마적 리더십이 부족했지만, 김정일은 김일성이 사망하였을 때 본인을 중심으로 한 권력구도와 통치기조를 갖추고 있었다. 그러나 김정은은 그렇지 못하였다. 현재 외형적으로는 독재자로서의 행보를 안정적으로 수행하고 있지만, 그 정도는 도전과 위기가 무르익지 않은 상황에서라면 꽤 어렵지 않은 일이다. 따라서 1990년대 중반 김정일보다는 현재의 김정은이 당면한 정치적 현실에 더 많은 잠재적 위험요소가 내재되어 있다고 결론내릴 수 있다. 이로부터 예상되는 위로부터의 급변 시나리오는 ①김정은이라는 지도자 자체에 대한 부정과 도전, 혹은 ②전면적 정책 전환 시기 나타날 분열로부터 발생할 수 있다고 본다.

먼저 김정은의 장악력 부족으로 인하여 그 자체에 대한 부정과 도전이 발생할 수 있다. 김정일의 경우 정권 유지를 위하여 자신의 권한을 절대로 위임하지 않았기 때문에, 집단적 의사결정 없이 자신에게 수직적으로 보고되는 정책결정구조를 고수하고 있었다. 이를 위해서는 독재자 개인의 역량과 권위가 상당해야 하는데, 김정은이 이를 지속하기는 매우 어려울 것으로 보인다. 이러한 상황이라면, 엘리트들 사이에서 김정은에 대한 불신의 심화와 충성심의 약화가 일어날 수 있으며, 비밀리에 새로운 지도자 추대를 도모할 가능성도 있다. 능력 측면만을 보자면 김정은의 고모부인 장성택이 옹립될 가능성이 가장 높으나, 장성택이 김정은을 배신할 가능성은 적다. 또한 김정남을 내세운 왕자의 난이 벌어질 가능성도 제시되고 있다. 현재로서는 최근 1~2년 사이 급부상한 신 군부로 인해 뒤로 밀려난 구 군부가 김정은에게 반기를 들고 누군가를 추대해 쿠데타를 주도할 가능성이 높다.

둘째, 김정은이 불가피하게 전면적 정책 전환을 꾀하는 순간 분열이 발생할 수 있다. 현재는 기존의 이해관계에 변함이 없기 때문에 권력 엘리트들이 단결할 가능성이 높으나, 김정은 자신이 내세운 통치기조를 중심으로 주도적인 권력 재편을 시도하거나 김정일 시대에서 수정된 형태의 정책을 입안하려 한다면 향후 정권의 불안정성은 상당히 높아질 수 있다. 현재 북한의 경제적 상황이 매우 열악해 개혁·개방을 더 늦추기는 어렵다는 점과 2012년은 강성대국 건설이 마무리되는 해로 새로운 무언가를 내세워야 한다는 점을 고려할 때, 김정은이 장기적으로 권력을 강화하려면 아버지로부터 물려받은 길을 언제까지나 답보할 수만은 없다. 따라서 김정은이 너무 현상유지를 고수하려 한다 해도 문제이고, 반대로 개혁을 통해 위기를 무릅쓴다 해도 문제다. 이러한 과정에서 기존 체제 유지에 이해관계가 있는 보수파와 개혁을 원하는 신진 개혁파 간의 분열이 발생할 가능성은 충분하며, 이러한 분열이 심화되어 복잡한 양상으로 간다면 정권 붕괴를 야기할 수도 있다.

김정은에 대한 도전 세력이 중국 공산당과 결탁할 가능성도 있다. 중국은 기본적으로 주권 침해에 상당히 민감하기 때문에 사태가 상당한 진전을 이루기 전까지 북한 내 정사에 관여하지는 않을 것이다. 그러나 김정은에 대한 반대세력이 주도권을 잡아가고 있다거나 혹은 내전 양상으로 비화되어 중국 국경 안보에도 치명적인 타격을 줄 것으로 예상될 경우, 장차 중국에 도움이 될 것이라 판단되는 한쪽에 힘을 실어주는 방식으로 개입할 가능성이 있다. 특히 북한 내 권력 엘리트들 중에는 중국 공산당 인사들과 우호적 관계를 유지해온 이들이 많기 때문에 이러한 결탁이 대외는 물론 대내에도 잘 알려지지 않은 상태에서 이루어지는 시나리오를 충분히 상정해볼 수 있다.

아래로부터의 급변사태 가능성

대부분의 전문가들은 북한 내 아래로부터의 급변사태 가능성을 배제한다. 북한과 같이 통제와 탄압이 철저한 사회에서 대규모 봉기가 발생할 정도의 세력 조직화는 매우 어려운 일이기 때문이다. 또 외부세계와 가장 단절된 국가이기 때문에 외부세계에 대한 동경이나 비교의식이 보편화되기까지 상당한 시간이 걸릴 것이고, 외부 혁명세력으로부터 교훈을 얻는, 이른바 확산(diffusion) 효과를 얻기에도 제한적인 환경이라는 지적이 있다. 한편 북한 주민들 사이에서 자유민주주의에 대한 경험이나 의식 공유가 부족한 것 역시 봉기가 발생하기 어려운 원인으로 지적되곤 한다.

1990년대 중반만 하더라도 북한 내에서 아래로부터의 급변이 발생할 수 없는 상기의 이유들은 반박할 수 없을 만큼 명백한 사실이었다. 첫째, 북한 주민들의 정권에 대한 신뢰 수준이 지금과 달랐다. 대외 전문가 대부분은 김정일 사망 당시 북한 주민들의 반응이 김일성 사망 때와 사뭇 달랐다고 평가하고 있으며, 탈북자들은 김일성이 진심으로 인민의 사랑을 받았다고 회고하고 있다. 둘째, 특히 소련 붕괴와 함께 세계화의 물결이 전 세계를 뒤덮었음에도 불구하고 북한은 견고한 철벽을 유지하고 있는 매우 고립된 국가였다. 사실 가장 가까운 중국과의 경제적 교류가 확대되고, 그 영향이 일반 주민들의 삶으로 침투하기 시작한 게 2000년대 들어서이기 때문에 그 전에는 거의 완전한 고립이었다고 해도 무방하다. 셋째, 통제와 탄압에 예외가 없었다. 주민들 간에도 서로에 대한 감시가 지금보다 훨씬 철저했으며, 관료들은 생활환경이 지금보다 훨씬 좋았고, 주민들도 자본주의 사고에 물들기 전이라 뇌물로 형벌을 면제해 주는 것 역시 불가능했다.

그러나 현재의 상황은 1990년대 중반과 상당한 차이를 보인다. 첫째, 북한 내 핸드폰 등 통신기기의 사용이 증대되고 있으며 중국 접경지역을 통하여 한류 DVD등 외부 사조의 유입이 상당히 확대되고 있다. 영국 시사주간지 「이코노미스트(*The Economist*)」에 따르면, 2012년 2월 현재 평양 공식 이동통신사인 고려링크를 통해 서비스를 받는 휴대전화 사용인구가 100만 명을 넘어섰다고 한다. 이는 국경 지역에서 밀수된 중국 휴대전화로 중국 서비스를 사용하는 인구는 포함하지 않은 것이다. 물론 고려링크의 사용자들은 휴대전화를 통해 인터넷이나 국제전화를 사용할 수 없고, 통화내용과 문자메시지에 대한 감시로부터도 자유롭지 못하다. 그러나 주민들 간의 커뮤니케이션을 확대할 수 있는 수단이 생겨났다는 것, 주민들이 자본주

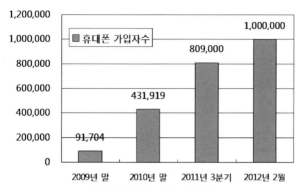

북한 내 공식 휴대폰 가입자 수 (단위: 명)
(출처: 2009년 말~2011년 3분기에 대한 수치는 "북 2010년 휴대전화 수입량 전년 대비
6배 증가," 「데일리NK」, 2011. 1. 11. 2012년 2월, 현재 수치는 "Also available to earthlings,"
The Economist, 2012. 2 .11를 참고하여 필자가 작성.)

의적 산물이라 할 만한 것을 일상화한다는 것, 또 이를 통해 소유에 대한 더 큰 욕구를 가질 수도 있다는 것을 의미하기 때문에 꽤 주목할 만한 변화로 볼 수 있다.

한편 북중 국경지역을 통해 북한 내에도 한류 열풍이 불고 있다는 것은 어제 오늘 들리는 이야기가 아니다. 강동완, 박정란 박사가 2000년대 이후 한국으로 건너온 탈북자들(주로 2007~2009년에 밀집) 33명을 상대로 한 조사에 따르면, 이들 중 한국 영상매체를 매일 보았다는 응답자의 비율이 34퍼센트, 일주일에 한두 번은 16퍼센트, 한 달에 한두 번은 41퍼센트에 달했다.[16] 'NK지식인연대'에 따르면 북한의 한 교도소에만 1,200명, 즉 총 수감 인원의 3분의 1을 넘는 인원이 한국 영화나 드라마를 보다가 적발되어 수감됐으며, 이러한 단속에도 불구하고 한류문화는 북한 일반주민과 엘리트 계층의 구분 없이 계속 확산되고 있다고 한다. 또한 장마당에서는 한국산 제품을 몰래 사고파는 일이 비일비재하며, 북한 주민들이 외국 제품 중 한국산 제품을 가장 선호하여 짝퉁 제품까지 팔리고 있다는 소식도 있다. 한편 북한 상류층들 사이에서는 유럽 제품 또한 상당히 인기가 있다고 하는데, 북한 주민들이 해외에서 들어온 다양한 상품들에 점차 노출되고 있고 이를 선호하는 모습은 북한 사회의 단면을 시사하는 것이기에 주목할 만한 소식이라 할 수 있다.

둘째, 북한 내에 '장마당'이라는 공간이 인민들의 삶에 큰 비중을 차지하게 되었으며 이곳은 인민들에게 잠재적 혁명의 장(場)으로 기능할 수 있다. 북한은 장마당을 제거하려 했지만 화폐개혁이 초래했던 경제적 혼란을 수습하기 위해 화폐개혁 이전의 노선으로 환원하고, 장마당의 확산을 묵인하는 방향으로 가고 있다. 현재 국내 정보당국이 파악 중인 북한 내 장마당은 300개 안팎으로 북한에서도 더 이상 국가가 주민들을 먹여 살리는 것이 아니며, 쌀값을 비롯한 물가를 결정하는 것도 아니다. 때문에 현재 북한에서는 대부분의 주민들이 장마당에서 필요한 물품을 구매할 뿐 아니라, 직접 판매까지 하여 나름의 생존방식을 갖추고 있으므로 장마당은 이들이 일상적으로 매우 활발하게 교류하는 장소가 되었다고 할 수 있다. 그 결과 북한 내 장마당은 물건을 사고파는 행위를 하면서 자본주의적 사고를 심어주는 곳인 동시에 사회적 커뮤니케이션을 가능하게 하

북한 평양시 락랑구역에 있는 통일거리시장의 내부. (출처: 연합뉴스)

는 곳으로서 잠재적으로 정치적 조직화를 가능하게 하는 반(半)자율적 공간이 되고 있다.[17]

셋째, 2009년 11월 화폐개혁 실패 이후 북한 주민들의 좌절감과 정권에 대한 불신은 심각한 수준에 이르게 되었다. 화폐개혁은 쉽게 말해 북한 화폐의 기존 가치를 100분의 1로 조정해 북한 돈 1,000원을 하루아침에 10원으로 만든 조치로써 원래 북한 내 자본을 축적한 이들을 통제하기 위한 것이었다. 2011년 5월 실시된 북중 접경지역의 북한 주민 대상 여론조사에 따르면, 응답자들의 대부분은 화폐개혁을 기점으로 북한 정권과 김정일에 대한 생각을 완전히 달리하게 되었다고 밝히고 있다.[18] 자신이 피땀 흘려 번 돈을 한순간에 국가가 휴지조각으로 만든 것에 대해 상당한 거부감을 갖고 있다는 것이다. 김정일의 장남 김정남 역시 「도쿄신문」 편집위원에게 보낸 이메일에서 화폐개혁 이후로 북한 수뇌부에 대한 북한 주민들의 신뢰가 붕괴됐다고 언급한 바 있다. 또한 2009년 11월 화폐개혁 이후 평양에서 이에 반발하는 시위가 있었다는 보도도 있었다.

넷째, 북한 관료들 사이에서 부패와 비리가 만연하여 통제와 탄압에서 벗어나는 사람들이 발생하고 있다. 북한에서는 '김정일을 제외하고 모두 도적질을 한다.' 할 정도로 비합법적 혹은 불법적 방식의 경제활동을 통해 생존하는 인구가 대부분인 것으로 전해지고 있다. 그러나 관료들이 이에 가담하여 수입을 올리거나 뇌물을 받고 이를 묵인하는 경우가 많아 국법을 어긴다고 해도 법망을 회피할 수 있다. 따라서 북한의 형벌 제도는 정치적 탄압 기구로서 전통적 역할을 실행할 뿐만 아니라 강탈을 위한 메커니즘이 되고 있다.[19] 더욱이 정권 유지 차원에서도 그간 김정일의 비자금을 위해 마약 밀매, 달러 위조, 위조 담배 제작 등 비합법적 활동으로 상당한 외화벌이를 해왔기 때문에 국가 전반에서 합법적인 영역과 비합법적인 영역 사이의 경계가 희미해졌다고 볼 수 있다. 주민들의 불법 경제활동으로는 단순 도적질, 중국을 통한 밀수가 주를 이루며 이들은 이렇게 얻은 물품을 일상적으로 장마당에 팔아 수입을 올린다. 그러나 국가는 이를 통제하는 데 실패하고 있다.

위의 도표에서 보는 바와 같이 북한의 경제적 상황은 지금보다 1990년대 중반에 훨씬 심각했다고 평가할 수 있다. 김정일

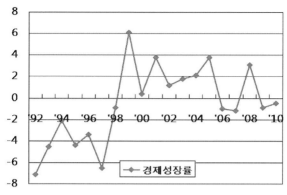

북한의 경제성장률 변동 추이.
(출처: 한국은행 홈페이지 정보를 토대로 필자가 작성.)

이 김일성으로부터 물려받은 북한의 경제 상황은 북한 건국 이래 거의 최악의 수준이었다. 통일부 자료에 따르면, 북한 경제는 1980년대부터 악화되기 시작하여 1990년대에 지속적 마이너스 성장을 기록하며 규모가 크게 위축되었고, 그 결과 1999년 국민총생산(GDP) 규모는 10년 전에 비해 절반으로 감소되었다. 이는 사회주의 경제의 태생적 한계를 드러낸 것이며 소련의 붕괴로 인하여 외부 지원이 중단되고 전통적 곡창지대인 황해북도 은파, 인산 등이 1995년과 1996년에 연속으로 수해를 당한 탓도 있다. 그 결과 사실상 배급제도는 와해되는 양상을 보여 왔으며, 배급 이외에 다른 생계수단을 갖고 있지 못했던 전체 북한 주민들 중 약 60만~100만 명, 총 인구의 3~5퍼센트 사이로 추정되는 아사자가 발생하였다. 또한 고난을 참지 못한 북한 주민 수십 만 명이 중국과 한국 등지로 탈북하는 사태가 벌어지기도 했다.

그러나 이를 근거로 현재 민중봉기의 가능성이 과거에 비해 줄었다고 볼 수는 없다. 경제적 요인으로 인한 민중봉기는 절대적 빈곤 상태에서 비롯되기보다는 빈부 격차와 그로 인한 상대적 박탈감 확산, 기대와 요구 수준의 증대를 기존 정치체제가 장기간 해결하지 못할 경우 발생할 가능성이 높다. 현재 북한에는 장마당을 중심으로 한 새로운 경제운영방식이 생겨남에 따라 김정일 정권에서 의도하지는 않았지만 주민들의 일상생활이 1990년대만큼 어렵지 않다. 굶어 죽을 사람은 이미 다 죽었으며, 영양실조로 힘들어 하는 사람들은 있지만 굶어 죽는 사람은 이제 거의 없다고 탈북자들은 증언한다. 그런 점에서 현재 북한 주민들이 경제적 불만의 이유로 민중봉기를 일으킬 가능성은 오히려 조금 더 높아졌다고 볼 수도 있다. 그럭저럭 살아내고 있는 주민들에게 화폐개혁과 같이 또 한 번 좌절감을 주는 사건이 발생할 경우에는 더욱 그러하다.

종합해 볼 때, 북한 내 민중 봉기로 인한 아래로부터의 급변도 완전히 배제할 수 있는 경우는 아니다. 여전히 북한 내 통제와 탄압이 철저한 것은 사실이나 북한 정권 통제 밖의 영역이 점차 확대되고 있으며, 관료들의 비리와 부패가 정권의 통제력 약화를 재촉하고 있다. 주민들은 장마당이라는 공간을 통해 사회화 및 정치화되고 있으며, 자본주의적 사고를 익히게 되었다. 또 접경지역을 통해 밀수된 한류와 외국 문물을 접하면서 한국을 비롯한 외부세계와 접하게 된 주민들이 상당수에 이르고,

비록 감시 하에 있지만 휴대전화 보급을 통해 주민들 간의 잦은 커뮤니케이션도 가능하게 되었다. 더욱이 최근 발생한 중동과 아프리카 혁명의 사례로 인해 민주주의에 대한 인식이 부재하고, 조직적인 시민사회가 미흡한 상태로도 현 체제에 대한 불만이 고조된다면 정권을 붕괴시킬만한 민중봉기가 발생 가능함을 보여주었다.

민중봉기를 위한 외형적 여건이 다른 국가와 비교할 때 상대적으로 매우 제한적이라고 해서 이를 배제하는 것은 옳지 못하다. 오히려 북한에서는 진의를 드러내지 않는 것이 일상화되어 있기 때문에 예기치 못한 순간에 갑작스럽고 폭발적인 정치적 동원이 일어날 가능성은 더욱 높다고 할 수 있다. 특히 중동과 아프리카의 혁명 이후 북한 내 통제가 강화되고 있고, 김정일 사망 후 국경지역에 검열이 증대되는 양상을 보이는 것은 북한 정권이 민중 봉기 가능성을 어느 정도 염두에 두고 있으며, 실제 발생 상황에 대해 상당히 두려워하고 있음을 방증하는 것이다. 또한 이처럼 아무리 국가적 차원의 통제가 강화된다고 하더라도 사회 전반에서 발생하는 변화들을 모두 억제하기는 점점 더 어려워질 것이다.

위·아래로부터의 급변사태 가능성

사실 가장 가능성이 높고 현실적으로도 성공 가능성이 높은 시나리오는 앞서 설명한 '위로부터의 급변' 양상과 '아래로부터의 급변' 양상이 결합하여 폭발적인 파괴력을 발휘하는 형태이다. 예를 들어 김정은 자체에 대한 부정으로 체제 전복을 꾀하거나, 아니면 정책에 대한 반기로 정권에 도전하는 권력 엘리트들의 움직임이 발생할 경우, 이 사실을 알게 된 주민들이 그동안 축적된 불만과 좌절을 한꺼번에 분출할 가능성을 생각할 수 있다. 또 사회 전반을 혼란에 빠뜨려 현 정권으로 하여금 수습이 어렵도록 만들기 위해 권력 엘리트들이 쿠데타를 일으킴과 동시에 전국적으로 민중봉기를 부추겨 이들을 앞세우거나 이들의 규모를 등에 업으려는 시나리오도 상정 가능하다.

반대로 아래로부터의 급변 움직임이 물밑에서 먼저 시작될 경우, 즉 북한 주민에 기반을 둔 선도그룹과 현 정권을 대체할 정치세력이 형성될 경우, 지배 엘리트 그룹 중 일부가 이러한 반대세력을 통제하기보다는 흡수하거나 결탁하여 민중봉기를 조종하거나 유도할 가능성도 존재한다. 혹은 이집트의 사례와 같이 민중봉기가 발생하는 가운데 평소 정권에 불만이 축적되었던 군부가 이를 진압하는 임무를 묵인하거나 의도적으로 소홀히 하고, 나아가 체제를 대체하는 세력으로 북한 주민들의 지지를 받는 상황을 예상할 수 있다. 그러나 이러한 시나리오는 지배 엘리트 그룹 중 일부가 북한 정권보다 북한 주민들을 택한다는 것을 가정하는 것이기 때문에 위로부터 먼저 시작되는 급변보다 발생 가능성은 낮다.

특히 현재 상태에서의 개혁·개방은 위로부터의 급변과 아래로부터의 급변을 동시에 가져다 줄 촉진제가 될 수 있으며, 김정일 정권의 정치적 생존을 종식시킬 수 있는 최대의 위협이 될 것이다. 위로부터의 급변과 관련, 개혁·개방을 한다는 것은 김정일 정권과의 단절을 의미함과 동시에 김정은 본인의 능력에만 의존한다는 것이다. 오로지 김정일의 아들이라는 이유로 후계자로서의 명분을 가졌던 김정은에게 이는 매우 치명적인 선택이 될 것이다. 또 이러한 급진적 정책 전환은 이로 인해 부상하는 자와 밀려나는 자를 나누게 되어 권력 내부에 가장 심각한 분열을 일으킬 것이다. 한편, 개혁·개방을 이슈로 내적 갈등이 발생하였을 때 중국이 연루될 가능성도 가장 높을 것으로 판단된다.

개혁·개방은 이와 동시에 아래로의 급변을 촉발시킬 계기로도 가장 가능성이 높다. 개혁·개방은 필연적으로 일시적인 불안정과 혼란을 야기하며, 이러한 위기를 잘 극복해야만 다시 안정을 되찾아 도약할 수 있다. 그러나 북한 정권이 이러한 위기관리 능력을 갖추지 못한 상태에서 수십 년간 곤궁에 시달려온 북한 주민들이 이를 계속 인내할 수 있을지 의문이다. 그러기에는 북한 정권에 대한 주민들의 신망이 이미 너무 낮은 수준으로 떨어졌다. 뿐만 아니라 개혁·개방으로 자본주의적이며 개방적인 사고가 더욱 확산될 것이며, 주민들 사이에서도 이러한 정책적 급전환을 통해 혜택을 받는 자와 받지 못한 자 간의 분열이 일어나 상대적 박탈감을 조장할 것이다.

물론 김정은 정권의 연착륙 가능성도 배제할 수는 없다. 그러나 김정은의 북한에겐 개혁·개방 외에 장기적인 생존을 확보할 수 있는 방안이 없는 반면, 개혁·개방은 독약과 같다. 역사적으로 보았을 때 공산정권 혹은 사회주의 정권의 지도자들이 경제적 개혁·개방을 택하고도 권좌에 남아 있었던 사례는 그리 많지 않다. 유례없는 고속 성장으로 주민들의 불만을 완충할 수 있었던 중국의 사례가 거의 유일하다고 할 수 있다. 물론 중국도 몇 번의 위기가 있었다. 중국이 끊임없이 개혁·개방을 권함에도 불구하고 북한이 이를 택하지 못하는 이유도 여기에 있다. 2002년 부분적이나마 개혁·개방을 시도하려다 중단한 일, 화폐개혁의 일환으로 시장을 전면 폐쇄했던 일 모두 북한 정권 스스로 개혁·개방을 밀고나갈 힘이 없다고 판단했기 때문이다. 개혁·개방을 하지 않고도 그럭저럭 버티는 상황은 과거 김정일 시대에나 가능했던 일이 된 것이다.

급변 발생에 따른 주요 이슈

급변 사태가 발생하는 경우는 북한 정권이 국가에 대한 통제력을 완전히 상실했다고 보는 상황이기 때문에 북한 주민들의 생명과 안전을 지키고 대량탈북, 대량살상무기 유출 등 북한 밖으로의 여파를 최소화시키기 위해서는 불가피하게 외부 개입이 필요하다. 그 중 군사적 개입을 고려할 국가로는 한국, 미국, 중국, 러시아, 일본 정도를 생각할 수 있다. 특히 한국은 급변을 통일의 기회로 삼아야 하기 때문에 그 어떤 국가들보다 적극적으로 북한의 급변 수습을 주도해야 할 것이다. 이 장에서는 북한 내에 급변이 발생한 직후, 일반적으로 발생하는 문제 중 가장 핵심으로 여겨지는 이슈들이 무엇인지에 대하여 다룰 것이다. 사태 발발 직후 해결해야 하는 문제들을 사전에 정확히 식별하고 있어야 이에 대한 국민적 공감대 형성은 물론, 필요한 자원의 공급이 가능하며 실질적인 대비를 효과적으로 달성할 수 있다.

북한 주민의 생명과 안전 보장

북한 정권이 붕괴되는 급변이 발생할 경우, 북한 주민들의 생존은 북한 정권 밑에 있을 때보다도 더욱 위험한 상황에 놓이게 될 것이다. 이미 1990년 중후반에 배급제가 거의 와해되었으나 북한 정권 붕괴 시에는 그나마 남아있던 배급도 중단될 것이며, 북한 주민들이 생계를 유지하기 위해 이용해오던 장마당도 대부분 원활히 운영되기 힘들 것이다. 주민들은 먹고 살기 위하여 약탈 등의 범죄를 서슴지 않을 것이며, 이로 인해 주민들 간의 잦은 소요가 불에 기름을 부은 것처럼 번질 것이다. 또한 현역 군인 수가 무려 120만 명에 이르는 북한의 특성상 군대의 통제를 벗어난 무장 세력들이 전국을 혼란스럽게 만들 가능성이 높아 치안 상황도 매우 불안정해질 것으로 보인다. 이러한 상황이 심각해질 때 비로소 외부 개입의 정당성이 확보되겠으나, 외부 개입이 효과적으로 이루어지기 위해서는 여러 난관들을 극복해야만 한다.

특히 북한 무장 세력들에 의한 게릴라가 조직될 시, 상황은 매우 어려워진다. 북한에는 120만 명의 현역 군인들뿐 아니라 770만 명에 달하는 민간군사조직으로 일종의 예비군이 있다.

	한국	북한
육군	52만여 명	102만 명
해군	6.8만여 명 (해병대 5,700여 명 포함)	6만여 명
공군	6.5만여 명	11만여 명
합계	65만여 명	119만여 명
예비병력	320만여 명	770만여 명 (교도대, 노동적위대, 붉은청년근위대 포함)

남북한 군사력 비교. (2010년 11월 기준)
(출처 : 「대한민국 국방백서 2010」, 부록 p.271.)

다시 말해 북한 인구 2,400만 명 중 무려 3분의 1을 넘는 숫자
가 무장 잠재력을 가졌다. 또 한국 국방부에 의하면 북한의 특
수군은 20만 명에 이르는 것으로 파악되고 있다. 북한은 지형
이 험하여 게릴라 작전을 펼치기에 매우 유리할 뿐 아니라, 북
한 무장 세력들에게는 일종의 '홈(Home)'인 셈이다. 즉 게릴라
들은 외부 세력과 비할 수 없을 정도로 지세를 정확히 파악하
고 있을 것이다. 또 게릴라 전법은 패배하지 않으면 곧 이기는
것과 같다. 이들과의 전투는 안정(stability)작전에 치명적인 장
기적 지연을 가져올 수 있으며, 예상치 못했던 외부 개입군의
인적 피해를 야기할 수 있다. 현재 북한군이 비록 영양실조와
기강 해이 등에 시달리고 있다고는 하나, 10년 복무로 인해 다
른 어떤 국가의 군보다 숙련된 현장 감각과 정신력을 지니고 있
을 것으로 판단된다.

주민들을 대피시켜 최대한 안전하게 보호하고 생존 물자를

공급하는 안정 작전을 시행하기 위해서는 상당한 병력이 필요하다. 과거 다른 지역에서의 개입 사례들을 살펴보면, 안정 작전을 위해 필요한 병력은 평균적으로 인구 1,000명 당 13명으로 2,400만 명인 북한 인구 기준으로는 총 31만 2천명이다.[20] 미군의 이라크 파병이 최고치를 기록했을 때의 수치가 16만 명이었고, 한국의 현역 군인 수가 현재 65만 5천명임을 감안할 때, 매우 부담스러운 수치가 아닐 수 없다. 더욱이 이는 개입 여건을 고려하지 않은 평균치로, 앞서 언급한 바와 같이 북한 군의 일부가 게릴라가 되어 외부세력에 대해 저항하거나 반란을 일으키는 등의 어려운 여건이 조성된다면 안정을 위해 인구 1,000명당 20명의 병력이 필요하며, 이때 북한의 상황은 총 48만 병력을 필요로 한다.[21]

두 번째 문제점은 병력 전개와 수송의 문제로, 모든 안정 작전이 겪는 고질적인 문제이자 안정 작전의 성패를 결정하는 핵심 요인이기도 하다. 주민들에 대한 접근이 신속할수록 그만큼 많은 주민들을 보호할 수 있기 때문이다. 북한 주민들은 해안가를 중심으로 집중적으로 거주하고 있기 때문에, 북한의 대표적인 항구인 남포항과 청진항을 통해 병력이 진입하여 인도적 지원 물품을 전달하고 주민들을 안전하게 보호하는 것이 가장 효과적일 것이다. 그러나 위성을 통해 어느 정도 가능하다 할지라도 북한 내 구체적인 지리에 대한 사전 정보가 미흡하고, 도로 등 인프라에 대한 정비가 잘 되어 있지 않기 때문에, 이후 이러한 대규모의 병력이 북한 영토 내 적재적소에 투입되는 데는 상당한 시간이 걸릴 것이다. 특히 남포항 및 청진항에서 먼 동남부 지역과 서북부 지역의 주민들을 위한 다른 접근 방안을 모색하는 것이 필요하다.

세 번째 문제는 개입을 고려하는 관련국들이 작전의 규모와 구성들을 결정하는 데 있어 그 어떤 과정보다 많은 시간을 소

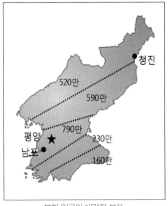

북한 인구의 대략적 분포.
(출처: Bruce W. Bennett and Jennifer Lind,
p. 95. 북한이 발행한 2008 인구센서스를 토대로
필자가 지도 재구성.)

요할 것이라는 점이다. 주민들에게 생필품을 제공하고 이들의 치안을 확보하기 위해서는 병력이 북한 영토 전반에 걸쳐 깊숙이 들어가야 하기 때문에 군사 개입의 정도가 커질 수밖에 없다. 반면 탈북자와 관련된 국경 통제를 위한 개입은 국경 지역에만 제한될 것이고, 대량살상무기 시설을 확보하기 위한 개입도 시설이 있는 것으로 의심되는 특정 지역에만 국한될 것이다. 어떠한 상황이 발생할지 모르는 상태에서 모든 주민들을 감당해야 하는 안정 작전을 주도적으로 담당하기에는 그 부담이 상당히 클 것이며, 그렇다고 안정 작전을 피하기에는 경쟁 국가의 개입 증대와 그로 인한 영향력 강화가 염려될 것이다. 따라서 안정 작전의 개시는 늦어질 가능성이 높고, 늦어지면 늦어질수록 더 많은 북한 주민들이 생존을 위협당하는 어려움에 처하

게 될 것이다.

북한 대량살상무기 확보 및 확산 방지

북한 정권의 붕괴를 우려하는 많은 이유들 중 중요한 한 가지는 북한이 핵, 생화학무기, 미사일 등의 대량살상무기를 보유하고 있기 때문이다. 대량살상무기는 그 파괴력이 엄청나기 때문에 북한 정권의 붕괴로 인한 대량살상무기의 통제력 상실은 테러와 같이 대규모의 희생을 부르는 재앙으로 이어질 수 있다. 미(美) 국방부가 4년 주기로 발간하는 국방검토보고서(QDR: Quadrennial Defense Review Report)는 '대량살상무기로 무장한 국가의 붕괴 혹은 불안정'을 명시하면서 이러한 사태는 대량살상무기 관련 물질, 무기, 그리고 기술의 확산으로 이어질 것이며, 미국을 비롯한 모든 국가들에게 직접적이고도 물리적인 위협을 야기하는 전 지구적인 위기가 될 수 있다고 언급하였다.[22] 오마바 대통령을 비롯한 수많은 국가들이 핵무기 없는 세계를 만들기 위해 상당한 외교적 노력을 기울이고 있고, 특히 북한과 이란 등 핵무기를 포함해 불법적으로 대량살상무기 개발과 확산에 힘쓰는 국가들에 대해 압박을 지속하고 있는 이유도 대량살상무기의 이러한 파괴력 때문이다.

핵의 경우에는 실용화가 이루어지기까지 고도의 체계와 인프라가 필요하므로, 급변 발생시 누군가가 어딘가를 향해 이를 직접 사용할 가능성은 매우 낮다. 물론 그렇다고 해서 이를 완

도시	10kt(킬로 톤=1천 톤)	
	사망자(명)	사상자(명)
서울	180,000	340,000
부산	150,000	260,000
대구	125,000	220,000
광주	170,000	290,000
대전	110,000	200,000

핵 지하폭발 발생 시 예상 피해.
(출처: Bruce Bennett, 발표자료 p. 7.)

전히 배제하기에는 그 폭발력이 너무나 엄청나다. 예를 들어 핵
폭탄 10kt이 서울에 투하될 경우, 18만 개의 시설이 폭파되고
34만 명의 사상자가 발생한다.[23] 그러나 핵과 관련된 주된 우
려는 앞서 국방검토보고서에서 언급된 바와 같이 관련 물질,
무기, 그리고 기술이 이를 부적절하게 활용할 수 있는 행위자에
게로 확산될 위험이다. 예를 들어 북한의 핵 프로그램에 관여
했던 기술자나 과학자가 자신과 가족의 생존을 위해 보유한 지
식이나 기술, 혹은 운반 가능한 물질을 이란이나 미얀마, 시리
아 등 불량국가들, 혹은 국제적 테러조직에 상당한 보상을 받
고 넘겨줄 가능성이 있다. 게다가 이미 관료들을 비롯한 상당
수의 북한 인구가 국제적 불법거래 활동에 관여하고 있기 때문
에, 북한 상층부에 있는 사람들일수록 이러한 커넥션은 현실적
으로 가능하다.

생화학 무기의 경우에는 핵무기만큼의 파괴력을 지니고 있

지는 않으나, 핵에 비해 투발수단이 다양하여 실용화가 비교적 용이하고 은밀한 사용이 가능하다는 특징이 있어 치명적인 위협이 될 수 있다. 또 사회시설을 파괴하지 않고 인명을 선택적으로 살상시킴으로써 외부세력에 대한 저항 수단으로 사용될 가능성이 높다고 할 수 있다. 한 외국의 연구는 북한 내부의 권력 충돌이 있을 때 생화학 무기가 사용될 수 있는 가능성마저 제시하였다.[24] 북한이 보유한 화학무기 양에 대한 정보는 핵보다도 불분명한데, 한국 국방부는 북한이 거의 모든 종류의 화학무기를 생산할 수 있고, 현재는 약 2,500~5,000톤의 화학무기를 가지고 있는 것으로 파악하고 있다. 사실 2,000~3,000톤만으로도 한국에 대한 대량살상이 충분히 가능하다. 한편 생물무기의 경우, 탄저균, 페스트균 등 다종의 생물학작용제를 보유하고 있으나 아직 이를 무기화하지는 않은 것으로 판단하고 있는데, 설사 무기화되지 않았더라도 확산은 가능하다.

그렇기 때문에 북한 급변사태 시 대량살상무기 시설을 장악하고 이에 대한 유출을 차단하는 문제는 매우 중요한데, 현재 북한이 보유하고 있는 대량살상무기에 대해 알려진 정보들은 대부분 신뢰하기 어렵다. 한국과 미국의 정보당국도 이를 정확히 파악하는 데 어려움을 겪고 있는 것으로 보인다. 2009년 10월 당시 김태영 국방장관은 국방부가 100개의 핵 프로그램 관련 시설에 대한 정보를 파악하고 있다고 발표하고 이에 대한 공격이 언제든지 가능하다는 자신감을 표명한 바 있다. 그러나 북한이 2010년 11월 미국 핵 전문가 지그프리드 헤커 박사에게 영변 우라늄 농축시설을 공개하기 전까지 미국과 한국의 정보 당국이 이러한 시설의 존재를 제대로 파악하지 못하고 있었다는 점을 고려할 때, 현재 한국과 미국이 공유한 정보는 부정확하고 불완전한 것임이 분명하다. 생화학 무기와 관련된 정보는 더더욱 부족하다. 추정치도 매우 미약한 근거에 의존할 수밖에 없다. 일례로 미국의 저명한 베넷 박사조차 핵 관련 시설이 100개라면 생화학 무기 관련 시설도 그쯤 될 것이라는 계산에 근거해 북한 내 대량살상무기 시설이 약 200개쯤 예상된다는 추정치를 제시하였다.[25]

선행 연구에 따르면 외부 병력에 대한 낮은 강도의 저항을 가정할 때, 주요한 핵시설을 수색 및 확보하는 데 필요한 병력은 한 곳당 약 200명 정도이고, 높은 강도의 저항을 가정할 경우에는 약 700~3,500명 정도로 추정치가 다양하다.[26] 대량살상무기 중에서도 특히 핵은 북한 정권에게 정권 생존의 문제인 만큼, 시설 진입 시 경계가 매우 삼엄할 것이다. 물론 정권 붕괴와 같은 돌발 상황 발생 시 이러한 경계가 무너질 가능성이 있기는 하나 단정 지을 수는 없다. 또한 여기에 투입되는 병력은 대량살상무기 확보와 관련된 고도의 훈련을 받은 특수 병력이어야 할 것이기 때문에 사전 대비가 철저히 요구되는 측면이 있다. 생화학무기 저장고의 경우에는 위성을 통해서도 대강의 위치를 파악하기 어렵기 때문에 수색 자체가 훨씬 어려울 것으로 보인다. 설상가상으로 생화학 무기는 핵에 비해 유출이 비교적 용이하기 때문에 매우 신속한 확보가 이루어지지 않으면 확

북한 영변 경수로 건설 및 핵 시설 현황. (2012년 3월 현재)
(출처: 박종빈, 김토일, 박영석 기자, 연합뉴스)

산을 막기는 상당히 어려울 것으로 보인다.

대량탈북에 대한 대처

사실 평생 살아오던 조국을 떠나 새 살길을 찾는다는 것은 매우 심각한 위기상황이 아니면 결심하기 어려운 일이다. 더욱이 통제와 억압, 처형 등으로 북한과 같이 상황이 극악한 곳에서 탈출을 감행하는 데는 엄청난 절박함과 용기가 필요할 것이다. 그럼에도 불구하고 1990년대 기근을 겪는 동안 수십만 명의 북한 주민이 탈북을 결심하고, 또 실제로 성공한 것을 보면 북한이 급변사태를 맞이할 경우 주변국으로의 탈북이 대량으로 이루어질 가능성이 매우 높음을 알 수 있다. 지금과 같은 평시에도 탈북자의 수는 꾸준히 증가하고 있으며, 다소 과장된 수치로 보이기는 하나 한국의 전문가들은 북한 정권 붕괴 시 1백만 명의 난민 중 50만 명은 중국, 30만 명은 한국, 나머지 20만 명은 일본이나 러시아로 유입될 것으로 전망하고 있다. 상황이 어떻게 진전되느냐에 따라 큰 차이를 보이겠으나 급변의 진행 양상이 전국적 차원의 내전 등으로 심화되고, 또한 장기화될 경우에는 앞서 제시한 수치에 육박할 가능성도 완전히 배제할 수 없다.

이러한 국가별 탈북자 추정치는 북한과 접한 국경의 길이, 국경 통

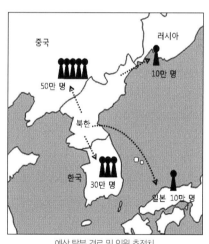

예상 탈북 경로 및 인원 추정치.
(출처: Paul Stares and Joel Wit, p.23 내용을 토대로 필자가 지도 작성.)

제의 정도, 탈북 경로의 지형 등을 고려한 것이다. 중국으로의 탈북 가능성을 가장 높게 추정하는 결정적인 이유는 북한과 접하고 있는 국경의 길이 때문이다. 북한과 중국과의 국경은 1,416km이고, 한국과의 국경은 248km, 러시아와의 국경은 19km로 중국과의 국경이 압도적으로 길다. 또 급변사태 시 중국과 러시아의 국경 통제가 평소보다 삼엄해질 것으로 보이나, 평시를 비교해보면 북한과 한국과의 국경에서 가장 고도의 군사경계가 이루어지고 있다. 더욱이 중국과 러시아의 국경에는 각각 두만강과 압록강이 있는 반면, 한국과의 국경지역은 모두 평지라 몸을 숨겨 도망치기에는 불리한 지형이다. 한편 북한의 북쪽 지형은 남쪽 지형에 비해 산맥이 험준하기 때문에 이동의 어려움은 있겠으나 그만큼 사람을 찾아내기는 어려우므로 탈출에 유리한 측면도 있다. 이러한 점에 비추어볼 때, 적어도 평양 이북에 거주하는 약 1,100만 명의 주민들 중에는 북쪽으로 탈북을 시도하는 이들이 많을 것이다.

그러나 중국이나 러시아의 탈북자에 대한 대우를 고려한다면 해상을 통해 한국이나 일본으로 탈출을 시도할 가능성도 높다. 중국은 탈북자들을 난민으로 간주하지 않기 때문에, 중국으로 탈출한다면 난민에 합당한 지위와 처우를 보장받을 수 없다. 평시에도 중국 정부는 탈북자들을 적발하는 대로 북송해왔다. 러시아는 간혹 탈북자를 난민으로 인정하기는 하나, 정치적 필요에 따라 정책이 임의적이고 유동적이다. 이를 고려해보건대, 중국과 러시아는 급변 발생 시 신속하게 병력을 동원하여 탈북자들이 아예 자국 영토로 진입하지 못하도록 국경을 봉쇄하려 들 것이다. 반면 한국의 경우, 불순 혹은 무장 세력이 탈북을 가장해 국경 안으로 침입해 들어올 수 있다는 가능성 때문에 국경 통제를 전보다 더 완화할 수는 없을 것이나, 이미 진입한 순수 탈북자들에 대해서는 충분한 지위와 처우를 보장할 것이다. 또 일본으로는 납북되었던 일본인 가족들을 중심으로 비교적 소수의 탈북이 이루어질 것이고, 일본 정부는 입국에 성공한 탈북자들을 한국으로 보내거나 자국에서 적절히 수용하는 방법을 모색하게 될 것이다.

그런데 문제는 당장 이들을 수용할 기반시설이 전혀 구비되지 않은 상태라는 점이다. 사실 급변이 실제로 발생하지도 않았는데 가능성만을 염두에 두고 대량 탈북인원을 수용할 시설에 비용을 투자하는 것은 쉽지 않은 일일뿐 아니라, 북한을 자극하는 일이기 때문에 중국뿐 아니라 한국에서도 이런 대비는 현재까지 이루어지지 않고 있다. 북한 정권이 붕괴된다면 당장은 북송을 할 수도 없기 때문에 중국 역시 이들을 임시적으로라도 수용해야 할 텐데, 이를 위한 비용은 쓰촨성(Sichuan)에서 지진이 발생했을 때처럼 자국의 자연 재해에 대처하기 위해 준비한 내부 예산에서 끌어 써야 할 것이다.[27)]

한국의 경우는 더 심각하다. 한국행 탈북자 수는 중국행 탈북자 수보다 훨씬 적을 것으로 예상되지만, 궁극적으로 중국이나 일본, 러시아로 유입된 탈북자들은 대부분 한국으로 보내질 가능성이 높으며, 장차 통일을 고려한다면 한국은 이들을 적극적으로 받아들여야 하는 상황이 된다. 한국이 현재 탈북자 2만 명 정도의 사회 정착을 돕는 일에서도 여러 어려움을 겪고 있다는 점을 고려할 때 이는 매우 심각한 사회문제로 이어질 수 있다.

국제법과 국제정치적 문제

북한 급변사태와 관련해 한국사회는 대체로 다음 두 가지 문제를 가장 우려하고 있다. 한 가지는 앞서 제시된 북한 급변사태로 인한 한국행 대량 탈북 발생이며, 다른 한 가지는 북한 최고위층을 비롯한 권력층이 중국과 결탁하여 친중 괴뢰정권을 세우는 등의 사태로 인해, 급변 발생 이후 오히려 통일의 가능성이 더 낮아지는 것이다. 한국은 통일을 달성하기 위한 목적으로 북한정권이나 체제에 어떠한 위해를 가하는 계획을 전혀 상정하고 있지 않으나, 북한 내부적인 문제로 급변이 발생한다면 이것이 한반도 통일의 기회가 될 수 있다고 인식하고 있다. 만일 북한 내 급변이 발생하였음에도 불구하고 한국이 구상했던 방향과 다르게 상황이 진척된다면, 이는 반세기 넘게 기다려온 통일의 기회를 놓치는 셈이 된다. 그런데 문제는 그렇게 진행될 가능성이 낮지 않다는 것이다.

먼저 한국은 국제법적인 문제에 부딪히게 된다. 한국은 대한민국 헌법 제3조에 한국 영토를 '한반도와 그 부속도서로 한다.'고 명시하고 있다. 즉, 북한을 국가로 인정하지 않는 한국 법에만 근거한다면 북한 정권이 와해될 경우 그 어떤 국가보다 한국에게 북한 영토를 점령할 권리가 우선해 있으며, 북한 주민들은 북한의 통제에서 벗어난 이상 대한민국 국민으로 자동 간주된다. 그러나 국제법적으로 접근한다면 북한은 유엔에 가입된 단일한 국가이며, 북한 정권이 불법으로 영토를 점령하거나 북한 주민을 강제 수용하고 있는 것이 아니다. 따라서 북한 정권이 와해된다 한들, 북한의 영토와 국민에 대한 주권이 한국에 자동 귀속되리라는 생각은 희망적인 사고에 불과하다. 한국은 북한 정권 붕괴의 막바지 즈음, 독일연방이 취한 것과 같은 법적 전략을 택하여 통일 한국이 영속적으로 존재해왔다는 것(never ceased to exist)에 대해 국제사회를 상대로 설득해야 할 것이다.[28]

　이는 사실 급변 양상이 발전되어 북한 영토에 대한 권한을 누가 갖고 있는가를 논의할 때부터 불거지는 문제가 아니라, 북한 급변 시 한국이 이에 합당한 군사 개입 권한을 갖는가를 논의할 때부터 문제가 된다. 한국의 입장에서는 북한 급변 시 개입하는 행위자의 수를 최소화하는 것이 통일에 유리하다. 그만큼 북한의 미래에 대하여 목소리를 내는 행위자가 줄어들 것이기 때문이다. 한국 정부는 앞서 언급한 헌법 제3조를 내세워 한국의 개입이 국제법에 종속되는 문제가 아님을 주장할 수 있다. 그러나 국제사회가 이를 받아들일 것인가는 회의적이다. 다른 관련국들과 마찬가지로 미국도 한국이 유엔의 승인을 받는 방식을 통하여 국제사회, 특히 중국의 지지를 획득하기 원할

2009년 6월 12일 대북제재 채택 당시 유엔안전보장이사회의 모습.

것이다. 다시 말해, 보다 국제법에 부합한 절차를 통해 합법성을 얻기 원한다는 말이다. 더욱이 중국과 러시아는 안전보장이사회의 거부권을 갖고 있는 상임이사국이며, 이들이 한국과 미국만의 북한 문제 개입을 승인할 가능성은 매우 낮다.

우선 국제사회는 한국뿐 아니라 누구에게도 개입의 합법성을 부여하는 데 인색할 것이다. 북한 내에서 무정부적 양상이 나타날 경우, 이것이 급변사태로 진전될 가능성이 농후하다 하더라도 이러한 초기 국면에서는 다른 국가들이 군사적으로 개입하기보다는 북한 스스로에게 처리를 맡기는 것이 법적으로 타당하다.[29) 유엔헌장 제2조 7항은 이른바 '국내문제 불간섭 의무'를 규정하고 있다. 이에 따르면 원칙적으로 어떤 국가의 국내관할권 내에 있는 문제에 대해 다른 국가의 간섭은 금지된다. 단, 강제조치의 적용이 가능한 상황에 한하여 예외를 두는

데, 이는 '국내 문제라 하더라도 그것이 평화적으로 해결되지 않고 평화에 대한 위협, 평화의 파괴, 또는 침략행위의 단계에 들어가게 되는 경우'를 말한다. 따라서 북한이 스스로 이를 해결할 수 없다고 판단되는 상황, 즉 급변으로 진전될 경우에만 군사적 개입의 법적인 타당성을 확보하게 되는데, 이것이 확보되었다 하더라도 주요 강대국들이 이에 동의하지 않으면 의미가 없는 것이 또한 국제법이다.

더욱이 유독 한국에게 북한에 대한 개입권을 독점적으로 부여할 수 있는 환경이 조성되기 어려운 까닭은 동북아 국가들 중 한국 주도의 한반도 통일을 바라지 않는 행위자들이 있기 때문이다. 중국과 러시아가 그러하고, 사실 일본마저도 통일된 한반도에 대한 두려움을 갖고 있다. 그러나 한국이 북한 영토에 대한 특수한 권한을 인정받는다면 한국과 동맹국인 미국도 당연히 함께 개입하게 될 것인데, 그렇다면 한반도는 미국에 우호적인 자유민주주의 국가로서 통일될 것이라는 게 가장 자연스러운 수순이다. 접경지역에 북한을 두고 미국을 견제할 수 있었던 중국이 이를 내버려둘 리 만무하며, 미국의 아시아에 대한 영향력 강화를 견제하고 있는 러시아 역시 반기지 않을 것이다. 또 일본의 경우, 통일된 한반도가 일본보다 경제적으로 부유하고 군사적으로도 강력한 국가가 될 수 있다는 가능성에 대해 부담을 안고 있다. 북한이 이미 급변을 겪고 있는 이상, 미국과 한국은 다시 분단 상태로 돌아가서는 안 된다는 의지를 갖고 있겠으나, 이 둘을 제외한 나머지 동북아 관련 국가들에게 가장 바람직한 시나리오는 한반도가 분단되었던 원래 상태로 다시 돌아가는 것이다.

급변에 대한 주변국의 입장

　앞서 '국제법과 국제정치적 문제' 부분에서 언급한 바와 같이, 이상의 이슈들을 해결하는 데 있어 관건은 한국뿐 아니라 주변국들의 입장이다. 북한의 급변을 수습할 때 모든 관련국이 한국에 가장 바람직한 방향으로 협력해 줄 것이라는 기대는 그야말로 희망사항에 불과하다. 한반도를 둘러싼 주변국들은 각자 자국의 이해관계를 근거로 북한 급변사태에 대해 개입 방식과 규모 등을 결정하게 될 것이다. 즉, 주변국들이 북한 및 한반도의 가치를 어떻게 파악하고 있으며, 북한의 급변을 어떻게 바라보고 있고, 이후 양상에 대해 어떠한 선호를 갖고 있는지에 따라 결정이 달라질 수 있다는 것이다. 미국, 중국, 러시아, 일본은 한반도에 대해 각기 첨예하게 다른 이해관계를 가지고 있

북한 급변 관련 각국 선호 입장.
(출처: 백승주, 오공단, 전경주, p.52를 참고하여 필자가 일부 수정.)

으므로 이를 정확히 파악하는 일은 해결해야 할 문제를 식별하는 것만큼이나 중요하다. 더욱이 북한이 여전히 건재한 이상, 이들 국가가 북한 급변사태 가능성을 공론화하고 이에 대비하기 위한 실질적인 연습을 하는 데는 현실적인 제약이 크다. 그만큼 발발 당시 신속한 조율을 위한 사전의 치밀한 분석이 요구된다.

또한 주변국들의 협력을 도모하는 가운데 한 가지 유념해야 할 점은 북한 급변 발생 시 관여하는 국가의 수는 최소화하면서 그 효과는 극대화해야 한다는 점이다. 관여하는 국가가 많을수록 조율해야 하는 이해관계는 많아지게 되고, 각자 다른 목소리를 내다보면 협상의 타결은 요원해진다. 따라서 북한 급변 발생 시, 그리고 이후 한국의 북한에 대한 권리를 확보하기 위해서는 급변 발생 시부터 주도권을 가질 수 있어야 하며, 한국이 어느 정도 통제할 수 있는 범위 안에서 처리 방안을 찾는 것이 가장 중요하다. 그러나 실제 급변 발생 시 한국의 힘만으로는 해결할 수 없는 업무들이 산재할 것이며, 때문에 다양한 방면에서 주변국들의 도움은 불가피할 것이다. 그러므로 최소 국가들의 협력을 구하되, 이들의 전략적 계산에 휘둘리지 않으면서 그들이 가장 잘 기여할 수 있는 부분에 대한 협력을 이끌어낼 수 있어야 한다.

미국의 입장

미국에서는 북한의 급변 혹은 붕괴 가능성을 상대적으로 높이 보고 이를 공개적으로 논의하고 있는 편이지만, 사실 북한의 불안정으로 인한 급변이나 붕괴는 미국이 크게 반기는 시나리오가 아니다. 한국이 궁극적으로 통일을 지향하고 있기 때문에 그 도화선이 될 수 있는 급변, 즉 정권 붕괴가 통일을 위한 하나의 기회가 될 수는 있다고 보고 있으나, 동시에 북한의 급변이 한국에 초래하게 될 물리적 파장은 엄청날 것이라는 사실 또한 인지하고 있다. 더욱이 북한의 급변이 자동적으로 한국의 한반도 통일을 의미하는 것은 아니므로, 국제사회와 동맹국 한국 사이에서 취해야 할 미국의 입장도 상당히 복잡해 질 것임을 미국 정부도 잘 알고 있다. 또 북한 붕괴 시, 한국이 미국의 물리적·재정적 지원을 요청할 수도 있기 때문에 미국이 북한의 현상 유지나 안정보다 급변이나 붕괴 쪽을 선호한다고 볼 수는 없다.

한미 상호방위조약에 의거, 한반도 유사시 미국의 군사적 개입은 불가피하며 미국 정부는 특히 최근 북한 급변 시 한반도 방위에 대한 의지를 적극적으로 표명해왔다. 2010년 3월 11일 한미연합 키 리졸브(Key Resolve) 훈련이 진행될 즈음, 당시 한미연합사령관이었던 월터 샤프 장군은 미국이 북한 유사시를 대비, 핵무기와 생화학무기, 중장거리 탄도미사일을 운용하고 있으며, 현재 연습에도 이 부대가 참가하여 훈련하고 있다고 밝혔다. 또 같은 해 10월에 개최된 제42차 한미안보협의회

2010년 UFG 연습 시 한미연합 전차전투사격 훈련 후 모습.
(출처: 「대한민국 국방백서 2010」, p.66.)

(SCM) 공동성명에서 "한미연합방위태세는 당장 오늘 밤에라도 싸울 준비와 역량을 갖추고 있으며 어떠한 도발, 불안정, 공격에도 효과적으로 대응할 준비가 되어 있다."고 밝히며, 북한의 불안정과 관련해 한미 간 공식문서로는 처음 언급하였다. 이어 2011년 제43차 한미안보협의회에서도 미국 국방부 장관은 한반도 유사시 압도적 병력 증원을 제공할 것을 선언하였다.

특히 미국은 북한의 급변 이후 한반도 상황이 반드시 미국의 이해관계에 우호적인 방향으로 흘러가야 한다는 점을 인식하고 있기 때문에, 북한 급변으로 한반도의 상황 변경이 불가피하다고 판단될 시, 군사적 개입을 감행하게 될 것으로 보인다. 무엇보다 한반도의 최종 상태가 되어야 할 통일한국에 지속적으로 미군을 주둔시키기 위해서는 우선 한국 국민들로부터 '미국이 통일에 기여했다.'는 인정을 받아야 할 것이기 때문이다.[30] 이와 관련해 한미양국은 2009년 6월 "우리는 동맹을 통해 한반도의 공고한 평화를 구축하고 자유민주주의와 시장경제 원칙에 입각한 평화통일에 이르도록 함으로써 한반도의 모든 사람들을 위해 보다 나은 미래를 건설해 나갈 것을 지향한다."고 밝힌 '한미동맹 미래비전'(Joint Vision for the ROK-U.S. Alliance)을 채택하였다. 양국 공식문서에서 동맹의 최종 목표가 한반도 평화통일이라고 명시한 것은 역사상 처음 있는 일이다.

이와 같은 배경 아래, 미국이 급변사태 시 군사적으로 개입하게 된다면 미군은 북한 핵 프로그램을 통제하고 확보하기 위

2009년 4월 프라하에서 핵무기 없는 세계를 주창하고 있는 미국 오바마 대통령.
(출처: Jason Reed/Courtesy Reuters)

한 목적과 임무로 북한 영토에 진입할 가능성이 가장 높다. 평시에도 미국에게 가장 중요한 북한 이슈는 '한반도 비핵화'이다. 즉, 현재 미국 정부에 있어 북한의 붕괴를 대비한다는 것은 북한의 정권 변환 전반에 관여하겠다는 의미보다는 북한 핵의 통제 불능 상태에 대비한다는 것을 의미한다. 따라서 미국이 한국과 함께 급변 계획을 세우고는 있지만, 미국의 실질적인 역할은 주로 북한 핵보유 시설에 대한 확보 및 통제와 핵 폐기 처리에 치중될 것으로 보인다. 시카고국제문제협의회의 2010년 미국인 대상 여론조사에 따르면 50퍼센트에 이르는 응답자가 북한 정권을 용인하고 한반도 분단이 고착화되더라도 협상을 통해 북핵문제를 해결해야 한다는 입장을 갖고 있다.[31] 즉, 미국 내에서는 북핵문제가 북한의 국가 속성 자체가 갖는 문제들을 해결하는 것보다 더욱 중요하게 간주되고 있음을 확인할 수 있다.

한편 급변 발생 시 대량난민과 이탈주민이 발생하여 사회적 혼란이 심화되거나 북한 내에서 지도부에 의한 대량학살 등이 자행되는 경우에 대해서도 미국은 개입을 고려할 여지가 있다. 이때 미국은 2011년 3월 유엔안보리 결의안 1973호를 통해 '보호책임'(responsibility to protect)을 명분으로 리비아에 대한 군사적 개입이 승인된 사례를 북한에 적용하려고 할 수 있다.[32] 미국의 전략적 핵심 지역인 아시아에서 벌어지는 사건이며, 동맹국인 한국과 일본의 안보에도 영향을 미치는 일이기 때문에 이 경우 국제사회는 미국에 사태 수습을 주도하라는 압력을 가하게 될 것이다. 그러나 국제사회에서 개입여부와 규모, 방식 등에 대한 의견이 불일치 할 경우, 반대의 경우도 가능하다. 즉, 시리아의 사례처럼 국가 정부군에 의한 대규모 민간인 공격이 자행되더라도 미국을 비롯한 국제사회가 군사적 개입을 주저하게 될 수도 있다.

하지만 의견 불일치의 경우 미국과 중국이 각각 독자적으로 군사적 개입을 결심하는 양상을 우려하여, 관련국들이 유엔을 통한 공동행동으로 비교적 쉽게 합치점을 찾게 될 가능성도 있다. 미국이나 중국이 현재 상정하고 있는 가장 최악의 시나리오는 한반도 영토 내에서 미군과 중국군이 물리적으로 충돌하게 되는 상황이다. 미국과 한국은 최근 한미연합 급변대비 작전 계획에도 중국이 개입하는 상황을 추가한 것으로 알려지고 있다. 한반도 내 양국의 군사적 충돌은 양국에게 치명적인 군사적, 경제적 위협이 될 것이고, 장기화되거나 대규모 전쟁으로 번질 가능성도 존재하기 때문에 미국은 이러한 사태가 발생하기 이전에 중국과의 적극적인 타협점을 찾기 위해 노력할 것이다. 그러나 합의점을 찾지 못하고 사태가 급속도로 악화될 경우, 한쪽에서 우선적으로 군사력을 전개할 수도 있다. 이때에는 다른 한쪽도 불가피하게 군사력을 동원할 수밖에 없으며, 충돌의 소지는 높아지게 되는 것이다.

그러나 미국이 이와 같이 실제 한반도 문제에 군사적으로 개입하는 데는 여러 가지 국내적 제약들이 따를 것으로 보인다. 먼저 앞서 언급한 여론조사에 따르면, 북한의 대남 전쟁도발 시 미군 투입에 찬성하는 미국인 응답자는 40퍼센트에 머물렀고 과반수(56퍼센트)가 이에 반대하였다. 이러한 여론을 고려하건대 한반도 유사시 대규모 미군 투입이 필요할 경우, 미국 정부의 역할을 비핵화 이상의 범위까지 확대하는 것은 쉽지 않을 것이다. 또 중동에서의 작전이 채 끝나기도 전에 급변이 발생한다면, 미국은 가용 자원의 측면에서 한반도에 대한 충분한 군사력 증원에 현실적인 어려움을 느낄 것이 당연하다. 설상가상으로 오늘날과 같이 미국이 국방 예산 감축의 압박을 지속적으로 받는다면 미국이 일부 도와주기는 하되, 상당 부분에 대해서는 한국 정부가 주도적으로 문제를 해결하기를 바랄 수밖에 없다.

중국의 입장

　주지하다시피 북한과 관련된 중국의 가장 큰 우려는 북한의 급변과 국가 붕괴 가능성이다. 대부분의 분석가들이 북한의 천안함 피격 사건과 연평도 포격 사건과 같은 이례적인 도발행위는 북한이 내적으로 불안정을 해소하고, 국가적 기강을 다잡기 위한 것이라고 진단했을 때, 중국은 국제사회의 비난 여론을 무릅쓰고 북한을 옹호하기 위해 부단히 노력하는 모습을 보였다. 즉, 북한의 내부 불안정성이 그만큼 강화된 것을 반증하는 사건들인 만큼 중국은 북한을 자극해서는 안 되며 이로써 야기되는 모든 역내 불안정을 피해야 한다고 판단한 것이었다. 이러한 중국의 우려는 매우 실체적인 것이며, 북한의 급변 혹은 붕괴로 인하여 미국에 미치는 직접적 영향과는 차원이 다른 것이다. 북한이 붕괴할 경우, 심각한 경제적 부담과 함께 가장 장기적으로 영향을 받을 국가는 한국, 그리고 북한과 가장 긴 거리의 국경을 접하고 있는 중국이기 때문이다.

　이처럼 중국이 북한의 급변 및 붕괴 가능성을 매우 우려하는 데에는 구체적으로 몇 가지 수긍할 만한 이유가 있다. 첫째, 이것이 동북아 역내 불안정과 중국의 안보 불안을 야기한다는 것이다. 북한을 완충지대로 활용하고자 했던 중국에게 북한의 부재와 미국에 우호적이고 자유민주주의를 지향하는 한반도는 궁극적으로 미국과의 대결을 야기하는 각종 안보적 위협을 가중시킬 것이다. 둘째, 북·중 국경을 통해 북한 난민이 대거 유입하게 되면 이는 중국의 내부 안정, 특히 국경 지역안정에 치명적으로 부정적 영향을 초래한다는 것이다. 이미 중국에 불법적으로 거주하고 있는 북한 난민들이 각종 비합법적 경제활동에 가담하여 법질서를 어지럽게 함에 따라, 중국 당국이 골머리를 앓고 있다고 전해진다. 셋째, 중국이 북한을 잃는다는 것은 대만 문제와 관련해 미국과의 협상에서 제시할 수 있는 중요한 카드를 잃는다는 것과 같다. 대만의 민주화를 지지하고 있으며 대만 정부와 군사적으로도 협력하고 있는 미국과의 타협점을 찾기 위해서도 중국에게 '북한 카드'는 꼭 필요하다.

　현재 중국이 북한에 대한 지속적인 대규모 투자와 원조를

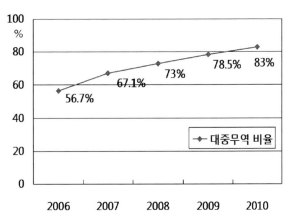

전체 대비 對중국 무역 비율 증가 추이.
(출처: KOTRA, 「2010 북한의 대외무역동향」, p.18.)

품목	2009년	2010년
광물성연료, 에너지	261,426	396,849
광, 슬랙, 회	140,249	251,168
의류 (편물제 제외)	93,260	160,577
철강	72,598	108,520
어패류	57,538	59,530
아연과 그 제품	20,162	47,693
토석류, 소금	28,898	30,816
의류 (편물제)	8,806	25,840
전기기기, TV, VTR	8,710	20,924
무기화합물	16,224	13,816

최근 2년간 對중국 수출 상위 10대 품목. (단위: 1,000 USD)
(출차: KOTRA, 『2010 북한의 대외무역동향』, p.19.)

계속 하고 있는 것도 이러한 붕괴를 미연에 방지하기 위함이다. 즉, 궁극적으로 북한이 중국식 개혁개방을 통하여 고질적인 경제문제를 해결하게끔 유도하려는 것이다. 중국의 동북3성 개발이 본격화된 2000년대 중반부터 북중 무역 규모는 급성장하여, 2011년 1월~9월까지 양국 간 교역액은 지난해 같은 기간보다 82퍼센트 늘어난 36억 3,900만 달러로 집계되었다. 이와 같은 수치는 앞서 사상 최대치를 기록했던 2010년 한해 전체 교역액보다 1억 6,700만 달러 증가된 것이며, 북한 전체 교역 규모의 80퍼센트를 넘어선 것이다.

　주목할 점은 최근 북중 교역이 주로 광물자원 개발과 맞물려 있다는 것인데, 이는 단순히 중국이 북한을 일회성으로 도와주는 수준을 넘어 북한 경제에 대한 개입을 심화시키고 있음을 의미한다. 2011년 들어 중국은 북한이 보유한 광물 자원의 채굴을 본격화했으며, 2011년 8월까지 북한의 대중국 주요 수출품 1~4위는 모두 광물자원이었다. 북한의 급변 발생 시, 광물 자원과 관련된 문제는 중국의 행동에 영향을 미치는, 또 하나의 중대한 이해관계로 작용하게 될 것이다.

이러한 입장의 중국이 북한의 급변 발생 시 개입을 할 수 있는 법적 근거는 크게 두 가지이다. 첫째는 1961년 체결되어 현재까지 유지되고 있는 '조중우호 협조 및 상호원조 조약'으로, 제2조 '체약 쌍방 중 어느 일방에 대해 어떠한 국가로부터의 침략이라도 이를 방지하기 위하여 모든 조치를 취할 의무를 지닌다. 체약 일방이 전쟁 상태에 처한 경우 체약 상대방은 모든 힘을 다하여 지체 없이 군사적 및 기타 원조를 제공한다.'고 적고 있다. 이에 따르면 쌍방은 동맹국이 침략을 당할 경우 상대방의 요청에 관계없이 자동개입은 물론이며 국가적 자원을 총동원하여 상대방을 원조할 것을 약속하고 있다. 그러나 중국이 분쟁 발생 시 어느 정도의 지원을 펼칠 것인지에 대해서는 명시되어 있지 않은데, 이러한 모호성은 전략적으로 억지력을 높여 중국 정부에 유리하게 작용할 수 있다.[33] 또한 조중동맹조약은 쌍방 간 수정 혹은 폐지에 대한 특별한 합의가 없을 시 영구 지속되도록 규정하고 있다는 점에서 높은 동맹 결속도를 과시하고 있다.

중국은 상기 조약 뿐 아니라 사태 전이 방지를 위한 자위권에 근거하여 개입할 수도 있다. 자위권은 국가가 자기를 위하여 급박한 위협을 배제하기 위해 일정한 한도에서 무력을 행사할 수 있는 권리를 말하며, '국가의 기본적 권리의 본질'을 이루는 것으로 인정되어 관습법 속에서 역사적으로 성립된 것이다. 중국의 자위권이 성립되어 중국이 물리력을 투입할 여지가 있는 상황은 급변으로 인한 중국으로의 대량탈북 사태와 북한에 거주하고 있는 자국민의 위협 상황이다. 우선 탈북과 관련해 중국은 북한과 무려 1,400km를 넘는 국경을 접하고 있고, 이 국경을 통한 침투는 어렵지 않다. 때문에 대규모 탈북이 중국 접경지역에서 시도될 가능성이 높다. 중국은 당장 이들을 어딘가에 수용해야 하는 물리적 문제에 봉착할 것이며, 앞서 언급한 법질서의 혼란은 물론, 탈북자들이 그간 중국 정부로부터 억압받아온 조선족을 비롯해 소수민족 해방에 대한 의지와 저항심, 나아가 분리주의를 자극할 수 있는 가능성도 우려해야 할 것이다. 자국민과 재산 보호라는 차원에서의 진입도 가능하다. 1997년부터 2010년까지 북한에 진출한 투자기업은 약 138개로 알려졌는데, 그 수는 점차 증가하고 있다.[34] 따라서 중국인들이 북한에서 벌이고 있는 개발 사업을 보호하겠다는 목적으로 북한 영토에 진입할 가능성도 있다.

이러한 법적 근거들은 북한 내 급변사태 발생 시 중국의 물리적 개입 가능성을 높이는 요인들이다. 그러나 현실적으로 중국이 북한 지도부의 요청에 의하여 한미 동맹군과의 사전 협의 없이 북한에 독자적으로 개입할 가능성은 크지 않다는 것이 중국 전문가들의 견해이다. 중국은 타국 문제와 관련하여 기본적으로 주권 불간섭(non-intervention) 원칙을 고수하고 있기 때문에, 이와 상충되는 행동을 결심하기는 어려울 것이라는 분석이다. 또한 중국이 북한 급변 시 안정화를 주도하는 것은 경제적으로나 군사적으로나 너무 많은 기회비용을 필요로 한다. 따라서 중국의 군사적 개입은 미국과 한국의 개입에 대한 불가피한 대응, 혹은 방지 차원이 되거나 유엔의 공식 승인을 받아 다른 유관 국가들과 다자적으로 접근하는 차원이 될 가능성이 높다.

어떠한 형태가 되었든 실제로 중국인민해방군의 급변 계획은 필요한 경우 중국군이 북한 영토로 들어갈 수 있음을 암시하고 있다. 구체적인 실체를 알 수는 없으나, 중국 내 '병아리 계획'이라는 북한 급변 계획이 있다는 내용이 언론에 보도된 바 있다. 또 한 인민해방군 관계자는 중국이 북한의 급변사태에 대비한 임무들을 이미 상정하고 있다고 증언하기도 했다. 임무는 크게 탈북자 원조, 재난 구호와 같은 인도적 작전, 민간 경찰 등을 투입시키는 평화유지 작전, 국경선 부근의 핵오염 방지 및 핵무기와 핵분열 물질 등을 확보하는 환경통제에 관한 조치들을 포함한다.[35] 이에 더해 중국은 최근 재난 대비를 위해 기관 간의 협력, 첩보, 커뮤니케이션, 공식적 계획 및 법령, 그리고 연습훈련 등 다방면에 걸쳐 투자를 활발히 하고 있다고 전해진다. 이는 중국이 이미 난민(주로 탈북자)으로 인한 위기에 대처할 수 있을 만큼 충분히 다각도의 능력을 갖추기 위해 주

력하고 있음을 시사하는 것이다.[36)]

러시아의 입장

러시아는 한국, 북한, 미국, 중국 중 어느 국가와도 동맹을 맺고 있지 않기 때문에, 북한과 한국 중 어느 국가도 명백히 러시아의 우방이라고 말할 수 없다. 따라서 러시아는 행동의 불확실성이 가장 크고, 그 행동을 통제할 수 있는 수단의 옵션도 가장 적다. 실제로 러시아는 지금껏 사안에 따라 북한을 지지하기도 하고, 때로는 한국을 지지하기도 함으로써 모호한 입장을 유지해왔다. 러시아는 구소련 붕괴 직전 한소 국교정상화로 소원해졌던 북러관계를 정상으로 회복하고, 최근 김정은의 승계에도 소극적이나마 지지하는 모습을 보이는 한편, 한국과는 최근 몇 년간 이전보다 적극적인 경제적 협력을 모색하고 있다.

그럼에도 불구하고 러시아는 매우 중요한 행위자이기 때문에 급변 논의에서 배제할 수 없다. 러시아는 북한의 접경국이자 6자회담 당사국이고 유엔안전보장이사회의 5개 상임이사국 중 하나이기도 하며, 최근 동북아 및 한반도에서의 영향력 회복을 위해 북한 문제에 꽤 많은 관심을 기울이고 있기 때문이다. 또한 오랫동안 축적된 대량살상무기 관련 전문 기술과 지식 등을 보유하고 있어 북한 급변과 관련해 절대로 간과할 수 없는 행위자이다.

특히 결정적인 순간에 러시아가 누구의 손을 들어주느냐가

2011년 8월 북러 정상회담 중 두 정상의 모습.
(출처: Dmitry Astakhov/Presidential Press Service/RIA Novosti/AP)

판세에 큰 영향을 미칠 것으로 보이는데, 현재로서는 러시아가 중국과 협조할 가능성이 가장 높게 점쳐지고 있다. 다른 모든 국가들과 마찬가지로, 러시아가 원하는 북한의 장래 역시 현상유지와 안정이다. 북한과 국경을 접하고 있는 까닭에 러시아 연해주의 안보에 직접적인 영향을 미칠 수 있는 한반도에서의 무력 충돌이나 여타 위기 발생을 원하지 않는다. 그러나 미국, 한국, 일본과는 명확한 입장 차이를 보이는 점은 북한의 급변 상황이 더욱 발전되어 미국의 영향력이 더 커지는 방향으로 한반도가 통일되는 것 또한 바라는 바가 아니라는 것이다. 이는 중국의 입장과 유사하다. 따라서 북한의 급변이 발생할 경우, 러시아는 중국과 협력할 가능성이 높다. 러시아와 중국은 지금처럼 북한이 한국과는 별도의 국가적 상태를 유지하기를 원하는 나라들이기 때문이다. 아마도 중국은 친중적인 정권의 북한이라는 국가로 유지하는 방향을 선호할 것이며, 북한의 동맹국가라는 특성상 러시아보다는 적극적인 입장을 보이게 될 것이다.

비교적 짧은 국경선이지만 러시아가 지리적으로 북한과 접해있는 것 또한 중국과의 공통점이다. 러시아도 대량살상무기와 탈북자 문제 모두 우려하고 있다. 우선 대량살상무기와 관련하여 북한의 핵실험 장소들이 주로 중국보다 러시아 접경 지역과 가까운 까닭에 러시아는 북한의 대량살상무기 문제에 비교적 민감한 반응을 보이고 있다. 북한의 2009년 4월 장거리 로켓 발사 이후, 같은 해 2차 핵실험 때에도 1차 때처럼 국경에서 200km도 떨어지지 않은 곳에서 북한이 지하핵실험을 감행하였다는 점에 러시아는 불안감과 불쾌감을 드러냈다.[37] 더욱이 러시아는 대량살상무기에 대해 오랜 경험과 전문지식을 보유하고 있기 때문에 이 분야와 관련해서 국제기구뿐만 아니라 미국과도 협조할 여지가 있다. 한편 탈북과 관련해서 2000년대 초, 그 수가 증가하다 최근 다시 감소 추세에 있기는 하지만, 러시아 극동지역은 탈북자들에게 제3국으로의 이동 경로가 되고 있다. 급변이 발생하여 대량탈북이 진행될 시, 러시아는 국경지역 안보에 중대한 어려움을 겪을 것으로 판단하고 있다.[38]

따라서 북한에서 급변사태가 발생할 경우, 러시아는 중국과 마찬가지로 직접적인 영향이 초래되는 사태를 방지하기 위해 군사 개입을 할 가능성이 높은 국가이다. 북한 체제의 붕괴로 이어질 가능성이 높은 대량 난민의 유입을 통제하기 위해, 혹은 북한이 대량살상무기에 대한 통제력을 상실할 경우 방사능 오염 가능성 등을 차단할 목적으로 북한 영토에 진입하는 일종의 방어적 군사개입을 시도할 수 있다는 것이다. 또한 1996년 조소동맹조약이 폐기되긴 했으나, 북한의 요청이 있을 경우의 군사적 개입 가능성을 완전히 배제할 수 없다. 북한과 러시아는 지난 2000년 7월 채택한 모스크바 선언을 통해 '양국은 북한 또는 러시아에 대한 침략위험이 조성되거나 평화와 안전에 위협을 주는 정황이 조성돼 협의와 상호 협력을 할 필요가 있을 경우 지체 없이 서로 접촉할 용의를 표시한다.'고 합의한 바 있다.[39] 특히 북한의 요청이 미군의 북한 영토 진입에 따른 것일 경우, 러시아가 제한적이나마 개입을 감행할 의사는 배가될 것이다.

하지만 러시아가 군사적인 개입을 시도한다면 이는 단독 개입의 형태를 띠지 않을 가능성이 높고, 중국과 혹은 국제기구의 협조 안에서 공동으로 참여할 경우에만 개입할 것이라는 관측이 주를 이룬다. 중국이나 미국이 나서지 않는 상황임에도 불구하고 러시아가 나서야 할 상황이라는 것은 현실적으로 상정할 수 없으며, 만일 중국과 미국이 북한에 대한 군사적 개입을 감행한다면 러시아도 동북아 내의 영향력 유지를 위해 관찰자에만 머무르지는 않을 것이라는 판단이다. 최근에 미국이 중국과 조심스럽게 북한 급변에 대하여 논의를 타진하고 있다는 설이 흘러나오고 있는데, 러시아도 이에 질세라 북한 급변사태에 대한 가능성을 열어두고, 이에 대하여 중국과 하루속히 사전 공조를 해둘 필요가 있다는 주장들이 러시아 전문가들 사이에서 제기되고 있다.

일본의 입장

일본은 지리적으로도 북한 급변으로 인한 영향을 상대적으로 적게 받는 위치에 있고, 한국과 동맹관계에 있는 나라도 아니기 때문에 미국, 중국과는 달리 북한 급변사태에 대하여 비교적 제3자의 입장에 있는 편이다. 일례로 국제문제 전문가 로버트 카플란은 급변사태 발생 시 참여국가로 미국, 중국, 한국, 그리고 러시아까지는 고려하였으나 일본은 포함시키지 않았다.[40] 일본은 북한 영토에 어떠한 체제가 지속될 것인가에 대한 본질적인 문제에 이해관계가 있기보다는 이 사태가 일본 영토에까지 미치는 물리적 영향을 우려하는 것이다. 급변사태로 인해 한반도 안에서 무력충돌 사태가 발생할 가능성과 이로 인해 나타날 수 있는 대량살상무기의 위협, 그리고 탈북자의 유입이 주요 관심사이다. 북한 정권이 누구에게 넘어가게 될 것인가에 대해 관심을 가지는 것도 일본 영토에 대한 물리적 위협이 줄어들기를 바라는 관점에서이다.

일본은 탈북을 중심으로 독자적인 북한 급변 대비 계획을 세우고 있다. 1990년대 후반, 일본 정부는 북한에서 수년 내에 긴급사태가 발생할 경우 대량의 탈북자가 보트를 타고 일본으로 유입될 것을 예상하여 이미 대비책을 수립해두고 있었고, 사태 종결 시까지 이들에게 한시적인 일본 체류를 허용하는 쪽으로 방침을 정한 것으로 알려져 있었다.[41] 김정일 사망 이후에도 일본 정부는 새로운 시뮬레이션을 통해 북한 내 내란이 일어날 경우 약 10만~15만 명에 이르는 대규모 탈북자가 보트를 타고 일본에 유입될 가능성이 있다는 결론을 내리고 이에 대비하고 있다고 알려졌다. 한편 일본 방위 정책의 근간으로 1999년, 2004년, 2010년 세 차례에 걸쳐 수정된 「방위계획 대강」은 과거 일본 정부가 극동 소련군 위협에 대비하여 북방 중시의 부대배치를 유지했지만, 최근엔 한반도를 겨냥한 서방 중시의 부대배치로 전환했음을 밝히고 있다. 또한 일본 정부는 최근 미일 안보체제의 '재정의'를 꾀하여 한반도 유사시 미군에 대한 기지 제공은 물론, 한반도에 출동한 미군의 후방지원(rear area support)까지 그 역할을 확대한 바 있다.[42]

그러나 대량탈북과 관련해서 일본은 인도적 측면보다는 탈북 그룹에 북송 일본인들이 포함될 수도 있다는 측면에서 더 관심을 기울이고 있다. 그 근거 중 하나는 일본 정부가 재외공관에서 탈북자들의 난민신청을 받아들이되, 난민 지위는 과거 일본에 거주했던 조총련계 사람들로 제한하는 원칙을 확립하고 있다는 점이다. 또한 2006년 6월 16일 일본 국회는 '납치문제 기타 북한 당국에 의한 인권침해 문제에의 대처에 관한 법률(일명 북한인권법)'을 통과시켰는데, 그 최종 입법 과정에서 '탈

2007년 일본 이즈오시마섬 인근의 PSI 훈련 모습.
(출처: 신화(Xinhua) 통신)

북자 보호 및 지원 관련 규정'은 포함되었으나 '탈북자 수용의
무'는 제외되었다. 이것이 두 번째 근거다. 즉, 일본에 대한 대량
탈북 관련 정책은 자국민 보호수준에 머물러 있으며, 탈북자들
에 대한 대량 수용은 아직까지 적극적으로 고려하고 있지 않
은 것으로 평가된다.

한편 대량살상무기와 관련, 일본은 PSI(Proliferation Security
Initiative 대량살상무기 확산방지구상)를 통해 급변 발생 시 기여할
수 있는 능력과 의지를 갖추고 있다. 먼저 일본은 2004년과
2007년, 이미 두 차례에 걸쳐 PSI 해상훈련을 주관해봤기 때
문에 풍부한 관련 전문지식과 경험을 갖고 있다. 북한 내 급변
이 발생할 경우, 육지와 항공은 완전히 봉쇄되어 핵물질이나 무
기들이 해상을 통해 유출될 가능성이 커진다. 이때 일본은 PSI

에 의거해 해상검문 또는 봉쇄를 시작, 핵무기나 핵물질이 제3의 국가 또는 테러집단으로 유출되는 상황을 차단함으로써 급변 사태에 따른 위협 제거에 기여할 수 있다. 또 일본은 1998년 8월, 일본 영토를 가로지르는 북한의 미사일 발사 실험으로 큰 충격을 입은 경험이 있기 때문에, 북한의 대량살상무기 확산 방지에 대해 여느 국가들보다 확고한 의지를 지니고 있다. 2009년 북한의 2차 핵실험과 미사일 발사 등에 대해 일본 정부가 한국 정부에 버금갈 정도로 격렬한 반응을 보인 것이 이를 방증한다.

그러나 북한 급변사태가 몰고 올 위협에 대해 일본이 할 수 있는 그 밖의 일들은 제한적이다. 일본은 2차 대전 이후 수립된 미일동맹에 따라 자위력을 제외한 자체적 군사력 증강을 지양해왔다. 이와 관련해, 일본의 헌법 9조(article 9)는 '일본 국민은 정의와 질서를 기조로 하는 국제 평화를 성실히 희구하고, 국제분쟁을 해결하는 수단으로 국권의 발동에 의거한 전쟁 및 무력에 의한 위협 또는 무력의 행사를 영구히 포기한다. 이러한 목적을 성취하기 위하여 육해공군 및 그 이외의 어떤 전력도 보유하지 않는다. 국가의 교전권 역시 인정치 않는다.'라고 쓰고 있다. 즉, 일본 바깥 국제적 분쟁 지역에서의 자위대 활동은 헌법에 위배되는 일이며, 일본 내에서 '헌법을 개정하기 전에는 자위대 파병을 하지 말아야 한다.'는 여론이 높다는 점도 배제할 수 없다.[43] 더욱이 일본 자위대의 한반도 진입은 과거 식민지 경험에서 비롯된 국민 정서로 인하여 역효과를 야기할 수 있기 때문에 설령 일본 내에서 개입 분위기가 형성되더라도 현실적으로 시도되지 않을 가능성이 높다.

따라서 한국과 미국 등 관련국들도 일본의 군사 작전 차원의 개입보다는 재정적 혹은 인도적 지원 등을 기대하고 있는 상황이다. 재정적인 지원은 단순한 금전이 될 수도 있고, 군수품 공급과 수송에 관련한 것이 될 수도 있다. 급변이 일단락되고 북한 영토의 안정화 작전이 이루어질 경우, 이를 주도하는 국가들은 북한 내 시설 보수 등에 대한 재정적 지원을 일본에게 요청하게 될 수도 있다. 인도적 지원이 적극적으로 이루어지기 위해서는 일본이 조총련계 일본인 귀환 난민뿐 아니라 탈북자 수용문제를 긍정적으로 검토하게끔 유도하는 일이 선행되어야 하고, 이것이 성공할 경우 자위대는 북한 내 인도적 위기 발생 시 탈북자들의 구출과 수용을 위한 작전에 참여할 수 있을 것이다. 마지막으로 일본이 북한 첩보에 특히 능한 만큼 한미연합 전력에 대해 북한 관련 첩보와 관련 인력을 제공하는 방식으로 기여할 가능성도 있다.

급변에서 통일로

사실 김정은 시대에 북한 급변이 발생할 것인가에 대해 확신 있게 답할 수 있는 사람은 아무도 없다. 북한이 내적 위기를 겪을 때마다 많은 이들이 북한의 급변을 우려했지만, 결국 북한은 또 한 번 살아남아 오늘날 한반도뿐 아니라 전 세계에서 가장 위협적인 국가 중 하나로 보란 듯이 자리매김하고 있다. 또 동구 사회주의 국가들이 붕괴할 때에도, 중동과 아프리카의 권위주의 정권들이 혁명을 맞을 때에도 북한만은 살아남아 전 세계에 도저히 비교 불가능한 독특한 국가라는 인상을 깊이 새겨주었다. 때문에 김정일 시대의 북한이 급변을 맞이할 것이라 했던 모든 전문가들은 김정일이 사망한 오늘날에도 건재한 북한을 바라보며, 북한이 다시 모두의 예상을 깨고 살아남는 경우의 수를 고려하지 않을 수 없을 것이다.

그러나 앞서 살펴본 바와 같이 아무리 1퍼센트의 가능성이라 하더라도 북한의 급변으로 인한 문제들의 파장은 실로 엄청나다. 북한의 급변 그 자체는 마치 판도라의 상자를 여는 것과 같아서, 한반도와 그 안에 살고 있는 이들이 장차 겪어야 할 엄청난 지각 변동의 '시작점'에 지나지 않는다. 이 책에서 살펴본 이슈들은 그러한 측면에서 빙산의 일각 혹은 수박 겉핥기에 불과하다. 급변이 발생한 직후의 문제 중에서도 아주 핵심이 될 사안만을 비교적 단순화하여 다룬 것에 불과하기 때문이다. 따라서 아무리 가능성이 낮다 할지라도 이에 대한 논의들을 의미 없는 기우(杞憂)쯤으로 치부할 수는 없다.

북한의 급변사태가 그나마 대한민국과 대한민국 국민에게 가장 바람직한 방향으로 귀결되는 길은 바로 한반도가 통일을 이루는 길일 것이다. 한반도 통일을 위한 것이 아니라면, 애당초 통일을 바라지 않았다면, 우리가 북한의 급변 가능성에 대해 이렇게 심각하게 고민할 필요도 없고 급변을 겪고 있는 북한에 대한 군사적 개입을 고려할 필요도 없다. 물론 통일에 전혀 이해관계가 없더라도 국경을 접하고 있는 국가로서 역내 불안정을 야기할 수 있는 북한 급변에 대한 대비는 해야 할 것이다. 그러나 우리의 북한 급변에 대한 대비는 그러한 수준에 만족하는 것이 아니라 한반도가 대한민국의 영토임을 국제사회에 주장하고, 궁극적으로 그러한 합법적인 권리를 갖기 위한 거대한 프로젝트의 일환이다. 그렇게 되지 못한다면 북한 급변

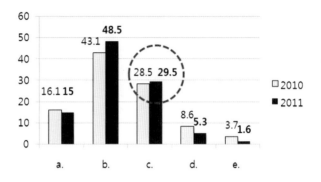

a.	통일을 반드시 해야 한다.	d.	통일을 하지 말아야 한다.
b.	가급적 통일을 하는 것이 좋다.	e.	잘 모르겠다.
c.	꼭 통일을 할 필요는 없다.		

통일에 대한 국민들의 의견. (단위: %)
(출처: 김광식 外, 2011년 보고서의 p.96,
2010년 보고서의 p.90를 참고하여 필자가 작성.)

에 대비해 우리가 그간 투자한, 그리고 앞으로 투자할 시간과 비용과 노력이 너무 아깝다.

그러나 우리가 들이는 비용과 노력에 상관없이, 통일이 되기란 매우 어려운 일이다. 앞서 '급변의 유형과 정의' 부분에서 향후 북한의 장래는 ①김정일 정권 붕괴와 사회주의 체제 유지, ②김정은 정권 붕괴와 사회주의 체제 붕괴 및 자본주의·민주주의 체제 도입, ③김정은 정권과 사회주의 체제 및 국가 붕괴, ④당분간 김정은 정권의 생존 중 한 가지 형태가 될 것이라고 밝혔다. 이중 자유민주적 한반도 통일로 이어질 가능성이 있는 경우는 ③번이다. ①번과 ②번의 경우, 그 시작은 급변이었다 할

지라도 여전히 분단국가로 남는 상황을 의미한다. ③번을 통일로 '이어질 가능성이 있는' 경우라고 표현한 것은 국가가 붕괴되더라도 반드시 북한에 대한 주권을 한국이 수복하리라는 보장이 없기 때문이다.

그러므로 기회가 주어졌을 때 한국이 어떠한 의지를 갖고 있는가가 정말 중요하다. '민족의 염원은 통일'이라는 명제는 이제 너무 낡아 설득력이 없다. 한국인들 중에 통일을 바라는 국민들의 비율은 점점 줄어들고 있다. 한국국방연구원에서 정례적으로 실시하는 대국민 여론조사 결과에 따르면, 반드시 통일을 할 필요는 없다고 답한 응답자의 비율이 2010년에는 28.5퍼센트, 2011년에는 29.5퍼센트였다.[44] 북한의 급변 발생 시 이를 통일의 기회로 삼아야 하는 정부의 입장에서는 매우 우려스러운 결과이다. 국민을 설득하기 위해 통일이 가져 올 잠재적인 경제적 효과를 강조하는 정치가들도 있지만, 이야말로 헛수고가 아닌가 싶다. 통일을 바라거나 바라지 않는 마음이 내가 살아있는 동안 혜택을 받을지 안 받을지도 모르는 경제적인 계산에 의해 움직여질리 만무하다.

이 책을 통해 통일의 필요성을 주장할 생각은 없다. 필자조차도 분단의 아픔을 겪기는커녕 한국이 본격적으로 부강해지기 시작한 시대에 태어난 세대로, 이런 글을 쓰는 직업인임에도 불구하고 북한에서 고통 받으며 살고 있는 이들에게 진심어린 동포애나 책임감을 느꼈다고 말하기엔 부끄럽다. 그들 때문에 우리가 통일을 해야 한다면 필자조차 납득하기 힘들 것이다. 또 통일로 가기 위해 그렇게 지난하고 힘든 과정을 겪을 바에야 현재의 분단 상태로 사는 게 낫지 않을까 싶고, 이미 우리끼리 충분히 잘 먹고 잘 살고 있는데 저렇게 쓰러져가는 북한을 굳이 챙겨서 우리까지 피해를 봐야 하나 하는 것이 필자와 같이 합리적이고 개인주의적인 사고에 익숙한 세대, 그리고 더 젊은 세대들 대부분이 갖고 있는 자연스러운 사고의 일부일 것이다.

물론 이러한 사고에는 잘못된 가정이 존재한다. 우리는 우리대로 잘 살고, 북한은 북한대로 잘 살 수 없다는 점이다. 그것은 대한민국 국민의 의지와는 상관없는 일이다. 우선 한국은 북한 때문에 항상 불안한 상황이다. 북한은 수시로 한국에 무차별 도발을 감행하고 있으며, 이를 통해 자력으로 얻을 수 없는 물적 자원을 한국과 국제사회에 요구하고 있다. 한국은 이를 방어하기 위해 징병제를 채택하고 있으며, 국방 부문에 상당한 인적·재정적 자원을 투자하고 있다. 또 북한에 대한 이러한 인식과 정책에 관한 끝도 없는 논쟁으로 인해 한국은 어느새 국내 사회적 분열이 가장 심한 국가 중 하나가 되어버렸다. 북한 정권이 바뀌지 않는 한, 대한민국 국민은 세계에서 가장 위험한 의도를 품고 있는 국가 중 하나와 단지 선 하나를 두고 살고 있는 셈이다.

또 북한도 북한대로 잘 살 수가 없다. 앞서 언급한대로 그 누구도 김정은의 북한이 붕괴할 것인가 아닌가를 단정 지어 말하지 못한다. 그러나 김일성이 세우고 김정일을 거쳐 김정은이 이어받은 북한의 정권은 '언젠가' 반드시 붕괴한다. 이 점에 대해서는 크게 이견이 없다. 왜냐하면 북한은 3대 세습을 거쳐 오는 매우 긴 기간 동안, 변화하지 않으면 생존할 수 없으나, 살기 위한 변화를 시도하면 멸망하는 쪽으로 계속 나아가고 있기 때문이다. 북한 정권은 역사에 없는 3대 세습을 시도함에 따라 점점 정권의 합법성과 정당성을 잃고 있으며, 한 국가의 정부가 수행해야 하는 경제기능을 완전히 상실했다고 해도 무방하다. 그나마 군부를 중심으로 한 사회적 통제만이 작동하고 있어 불만을 억제하고 있는 것인데, 이조차 상층부의 부패와 비리의 만연으로 위태로워진 상황이다.

이처럼 현 북한 정권의 붕괴, 즉 북한의 급변은 필연적인 것이다. 다만 시기를 알 수 없을 뿐이며, 그 급변이 통일로 이어질 수 있을지 없을지의 문제는 한국의 의지와 능력으로부터 영향을 받을 것이다. 또 급변으로 인해 적대적인 북한과 또 다른 분단의 역사를 시작하는 것보다는 통일을 이루는 쪽이 우리에게 분명 더 우호적이고 덜 소모적인 귀결이다. 따라서 대한민국 국민에게 통일은 선택의 문제가 아닌, 피할 수 없는 일종의 숙명인 셈이다. 한반도의 미래를 대비하는 것과 관련, 그러한 숙명을 하루라도 빨리 깨닫고 북한의 급변을 한반도 통일로 이어가는 과정에서 발생할 수 있는 비용 대비 효과를 극대화하기 위해 미리 준비하는 것보다 더 스마트한 대안이 있는가?

그러한 준비를 위해서는 국가의 총체적인 의지와 능력이 필요하다. 급변 발생 즉시 북한 주민들의 생명과 안전을 보장해야 하고, 북한의 대량살상무기를 신속하게 확보하여 확산을 방지해야 하며, 북한을 탈출하는 대량의 주민들을 안전하게 수용해야 한다. 또 각국의 개입을 미리 예상하여 국제법과 국제정치적 역학 속에서 합법적인 권리를 찾아야 하고, 필요한 부분에 있어서는 미국, 중국, 일본, 러시아와 같은 주변 강국들의 협력을 얻어야 한다. 그동안 국가가 운영되고 발전되면서 쌓아온 역량을 모두 효과적으로 발휘해야 하는 것이다. 또 이러한 능력 발휘에 있어 조금의 주저함도 없어야 하기에 국민 모두의 의지가 절실히 요구되며, 국가는 그러한 의지를 모을 수 있도록 사회적 공감대 형성을 위한 노력에도 신경을 써야 한다.

베트남, 독일, 예멘 등 과거 분단국가들의 사례를 살펴보면, 결국 통일을 향한 추동력이 분열과 분단을 향한 추동력보다 강했음을 알 수 있다.[45] 그러나 그 힘이 이들 국가 모두에서 통일 이후 국가의 모습까지 결정하는 원동력으로 작용하지는 못했다. 주변국과 협력하는 가운데 한국이 북한 급변사태에 대한 대비를 얼마나 잘 해내는 지가 한반도의 미래를 결정하는 시금석이 될 것이다.

주

1) 백승주, 오공단, 전경주, 「북한정권 변환기 한미 협력방안(KIDA-IDA 공동연구)」, 한국국방연구원 연구보고서(안2009-2820), 2010. 5, p.32

2) 이근, '북한의 붕괴를 쉽게 바라지 말라', 「한국일보」, 2012년 1월 26일.

3) 이춘근, 박상봉, 「북한 급변사태와 한국의 대응전략 : 정치·외교·군사 분야」 (서울: 한국경제연구원), 2011, p.45.

4) 이춘근, 박상봉, p.44.

5) 김성한, '북한 급변사태 시 한미공조의 방향', 「新亞細亞」, 제18권 4호, 2011년 겨울, pp.19-44.

6) 대한민국 국방부, 「국방백서 1998」(서울: 국방부), 1998, pp. 67-68.

7) 제성호, '한반도 유사시 유엔의 역할: 북한 급변사태를 중심으로', 「서울국제법연구」, 6권 2호, 1999, p.367-403.

8) '계속되는 경제난, 식량난으로 인해 북한사회 전반에 걸쳐 자구능력이 약화되고, 내외부로부터 체제 생존을 위협하는 복합적 구조에 직면하게 되었을 때'라는 표현은 큰 의미가 없다. 북한은 20년이 넘게 이러한 상태에 머물러 왔다.

9) 제성호, 상동, p.372의 각주 5)번 내용을 토대로 내용에 수정을 가함

10) 제성호, 상동.

11) 함택영, 「북한의 향후 변화 예측과 대응방안」, 국회 정보위원회 연구용역 보고서, 2010년 11월, p.37.

12) Victor D. Cha and Nicholas D. Anderson, 'A North Korean Spring?', *The Washington Quarterly*, 35:1 (Winter 2012), pp. 7-24.

13) 박형중, '당대표자회와 과도적 권력체계의 출범', *KINU Online Series*, CO 10-38.

14) Paul Stares and Joel Wit, 신범철·전경주 공역, 「북한 급변사태

의 대비」, (서울: 한국국방연구원), 2010, p.43.

15) 이에 대한 자세한 설명은 이종석, 「새로 쓴 현대북한의 이해」(서울: 역사비평사), 2000, pp.497-510.

16) 북한 내 한류에 대한 자세한 인터뷰 내용은 강동완, 박정란, 「한류, 북한을 흔들다: 남한 영상매체의 북한 유통경로와 주민 의식 변화」(서울: 늘품플러스), 2011 참고.

17) Marcus Noland, 'They're Not Brainwashed, They're Just Miserable', *Foreign Policy*, March 20, 2010.

18) 인터뷰의 자세한 내용은 (주)데일리 NK, (사)북한민주화네트워크, 「북-중 국경르포, 2011 북한 주민은 말한다」 (서울: (주)데일리 NK), 2011 참고.

19) Marcus Noland, 상동.

20) Bruce W. Bennett and Jennifer Lind, 'The Collapse of North Korea: Military Missions and Requirements', *International Security*, Vol. 36, No. 2 (Fall 2011), pp.84-119.

21) James T. Quinlivan, 'Force Requirements in Stability Operations', *Parameters*, Vol. 25, No. 4 (Winter 1995-1996), pp.59-69, Bruce W. Bennett and Jennifer Lind 논문에서 재인용.

22) U.S. Department of Defense, *Quadrennial Defense Review Report* (Washington, D.C.: Department of Defense, February 2010), p. iv.

23) Bruce Bennett, 'Some Practical Considerations in Nuclear Deterrence of North Korea', 아산정책연구원 발표자료, 2011년 11월 10일.

24) International Crisis Group, 'North Korea's Chemical and Biological Weapons Program', *Asia Report*, No. 67, June 18, 2009, p.14.

25) Bruce W. Bennett and Jennifer Lind, 상동.

26) Bruce W. Bennett and Jennifer Lind, 상동.

27) Paul Stares and Joel Wit, 신범철·전경주 공역, p.50.

28) Paul Stares and Joel Wit, 신범철·전경주 공역, p.60.

29) 제성호, 상동.

30) 김성한, 상동.

31) Victor D. Cha and Katrin Katz, '미국인들의 한국에 대한 인식 서베이(2010) 결과 분석', CSIS Office of the Korea Chair, 2010년 9월. 이 조사는 시카고문제협의회(The Chicago Council on Global Affairs)가 2010년 6월 11일~22일까지 미국 국민 2,596명을 대상으로 실시한 것이다.

32) 김성한, 상동.

33) Bonnie Glaser, Scott Snyder and John S. Park, 'Keeping an Eye on an Unruly Neighbor: Chinese Views of Economic Reform and Stability in North Korea', *USIP Working Paper*, January 3, 2008.

34) Drew Thompson, 'Silent Partners: Chinese Joint Ventures in North Korea', *A U.S.-Korea Institute Report*, February 2011.

35) Bonnie Glaser, Scott Snyder and John S. Park, 상동.

36) Carla Freeman and Drew Thompson, 'The Real Bridge to Nowhere: China's Foiled North Korea Strategy', *USIP Working Paper*, April 22, 2009.

37) 정은숙, '북한의 핵실험에 대한 러시아의 입장', 「정세와 정책」, 2009년 7월호.

38) 백승주, 오공단, 전경주, p.68.

39) 김연수, '북한 급변사태와 남한의 관할권 확보방안', 「新亞細亞」, 제13권 제4호(2006년 겨울), pp66-96.

40) Robert D. Kaplan, 'When North Korea Fall', *The Atlantic Monthly*, October 2006.

41) 윤태영, 이수형, 「북한인권문제 해결을 위한 방안 연구」(서울: 국회통일외교통상위원회), 2002, p.61.

42) 김성한, 상동.

43) 백승주, 오공단, 전경주, p.64.

44) 김광식 外, 「2011 국방사회조사통계사업 정기조사 보고서: 국방

에 대한 국민의식 조사」, (서울: KIDA Press), 2011, p.96; 「2010 국방사회조사통계사업 정기조사 보고서: 국방에 대한 국민의식 조사」, (서울: KIDA Press), 2010, p.90.

45) Robert D. Kaplan, 상동.

북한의 급변
북한 정권 붕괴 가능성과 대비

펴낸날 초판 1쇄 2012년 4월 17일

지은이 **전경주**
펴낸이 **심만수**
펴낸곳 **(주)살림출판사**
출판등록 1989년 11월 1일 제9-210호

경기도 파주시 문발동 522-1
전화 031)955-1350   팩스 031)955-1355
기획 · 편집 031)955-4662
http://www.sallimbooks.com
book@sallimbooks.com

ISBN 978-89-522-1794-3   04080

책임편집 **최진**